講談社選書メチエ

700

いつもそばには本があった。

國分功一郎
互　盛央

MÉTIER

いつもそばには本があった。◉目次

まえがき

互　盛央

ここに一冊の本がある。それが自分にとって大切な本なら、内容についてはもちろん、それを読んだ場所の光景や、そこで流れていた音楽、そのとき抱えていた気持ち、そしてその本について誰かと話をしたこと……さまざまな記憶がまとわりついているものだ。

自分の話をしてみよう。私は浪人生の時にソシュールという言語学者に興味をもち、入門書や概説書を求めては手にしていた。浪人生の身分にもかかわらず赴いた尾崎豊のライヴ会場では、開演を待ちながら丸山圭三郎の『ソシュールの思想』を取り出して頁を繰っていた。今でもこの本を手にすると、会場の雰囲気や開演前のＢＧＭだけでなく、入試が近づきつつある時期にこんな本を読んでいることへの罪悪感や、それと裏腹になった高揚感まで甦ってくる。その後、ソシュールの研究を続けることになった私は、何度となくこの本を手にしたし、内容について友人や指導教官と話をしたこともある。参考文献に挙げられていた本を求めて図書館に行き、フランス語で書かれた書物と格闘した記憶もある。今にして振り返るといささか複雑な気持ちになる思い出が含まれているが、私にとって大事な記憶であることは間違いない。そして、私はそんなふうにネットワークをなしている記憶から切り離して『ソシュールの思想』という本を手にすることはもうできなくなっている。

もちろん『ソシュールの思想』という書物をめぐるこの記憶のネットワークをもっているのは私だ

けである。話題になり、たくさん売れもしたこの本を手にした人は数多いだろう。その数だけ、この本をめぐる記憶はありうるし、実際あるだろう。そうすると私の記憶は孤立したもののように思えてくるが、私のネットワークに友人や指導教官と話をした記憶が含まれているように、一冊の本を介して複数のネットワークが交錯し、その網の目が複雑になったり、予想外の広がりにつながっていることに気づかされたりすることもある。しかも、その交錯は私が実際に知っている人ばかりか、著者である丸山圭三郎という人や、そこで論じられているソシュールという人――つまり、すでにこの世を去って会うことのかなわない人とのあいだにも生じうるものだ。

一二世紀の哲学者であるシャルトルのベルナルドゥスという人は「私たちは巨人の肩の上に乗る小人のようなものだ」と言ったという。巨人の肩に乗る小人は、巨人よりも遠くまで見ることができるし、多くを見ることができる。だが、それは小人が巨人より優れているからではなく、巨人の偉大さに助けられているからでしかない。私について言えば、ソシュールに接近しようとしたとき、丸山圭三郎という巨人の肩に乗っているからこそ、良好な見晴らしの中で接近を試みることができたということだ。そして、丸山圭三郎もソシュールも、同じように先を行く巨人たちの肩の上で、さまざまな交錯を経ながら、みずから巨人となった人たちなのだと思う。

「本」に関する本を二人で書く、というアイデアのきっかけは「半歩遅れの読書術」と題した國分さんの新聞連載だった。最初の回を読んで、私は國分さんにメールを送った。その文章は私の中にさまざまな記憶を呼び起こしただけでなく、それについて話したいという感覚をもたらしていた。結局、全五回すべてについて、掲載日の翌日にメールを送った。まるでファンレターみたいだが、むろんいつもそんなことをしているわけではない。では、何が自分にそうさせたのか、私は考えてみた。

それを一言で言おうとすると「観念連合」という言葉が浮かんでくる。ある考えやアイデアが別の考えやアイデアに結びつくことを示す言葉だ。結びつく理由が分かる場合もあるが、本人でさえ分からない時もある。誰の中にも同じ結びつきが生まれるわけではなく、同じ考えやアイデアから出発しても人の数だけ異なる観念連合がありうる。観念連合は記憶のネットワークがもたらすものだからである。そして、記憶のネットワークは交錯したり、入り乱れたりして、その全貌を正確に把握することができないものだからである。

私がソシュールに接近する時に丸山圭三郎という巨人がいたように、國分さんがスピノザやドゥルーズに接近する時に乗った巨人たちの肩があっただろう。そして、何人もの巨人の肩の上から見た光景があり、そこで知った内容だけでなく、そのとき感じた気持ちや抱えていた感情があって、それらはやはり観念連合をもたらす記憶のネットワークを織りなしているはずだ。

そう考えてみて気づいた。つまり、私は國分さんが書いた文章の向こう側に記憶のネットワークを感じ取り、それを自分のネットワークと交錯させてみたいと思ったのだ。

本書では「人文書」や「思想書」と呼ばれる本の話題が中心になるだろう。しかし、最初の回を國分さんがどんな話から始めるのか、それを読んで私が何を思い、何を話したいと思うのか、まるで予想がつかない。そのような「予定調和」とは正反対にある観念連合の交錯そのものを書物の姿にしたいと考えた私は「対談」でも「往復書簡」でもないものを二人で書くというアイデアを思いついた。

二人の著者は相手に向けて言葉を発するのではない。相手の文章に触発されつつモノローグとして綴られる積み重なりが、いわば「連歌」のように機能することを期待しながら交互に書き継いでいくこと。この本を書くにあたって決めた方針は、それだけである。

本書は確かに「本」に関する本ではあるが、すでに星の数ほどある「本」に関する本のように「このような本を読むべきだ」とか「本はこのように読むといい」といったことはいっさい書かれないだろう。だから、この本は間違ってもガイドブックではないし、分かりやすく何かの役に立つこともないだろう。何しろ本書の著者は「本」についても、「本」をめぐる経験についても、何かを教えようとしていないし、いかなる意味でも「正しさ」を訴えようとしていないのだから。

だが、それこそが二人の著者が目論んでいることなのだ。

ところで、二人で書くことには「なれあい」や「内輪受け」に陥る危険があると思う。だから、私自身は「私たち」や「われわれ」といった一人称複数の主語を使わないことを自分のルールにした。そして、いつも正論を熱く、明快に語る國分さん（念のため言うがイヤミではない）の違う一面を引き出したいとも企《たくら》んでいる。そうする中で『いつもそばには本があった。』という表題が示すネットワークとその交錯の姿を、とりわけ自分より若い世代のかたたちに感じてもらいたい。そして、それぞれの人が自分のネットワークを織りなし、新たな交錯を生み出していってもらいたいと思っている。この願いは二人の著者に共通しているはずだ。

……さて、國分さんはまずどんな球を投げるだろうか。私はワクワクしながら待っている。

＊本文の下欄で紹介する書影と書誌情報は、本書の著者が最初に手にした版のものとしました。

幻想に過ぎないはダメ　［國分］

互さんは浪人生の時にあった本との出会いから本書を始めた。私もその頃の話から始めよう。

一九九三年、大学一年生の時、私は政治経済系の勉強会のサークルに所属していた。毎週、メンバーを募っては、担当者がレジュメを作り、プラトンだのルソーだのを輪読していた。

確か秋頃だったと思うが、サークルの先輩が「学祭に柄谷行人が来るね」と教えてくれた。私はその人のことを知らなかった。しかし、大変敬愛していた先輩がわざわざ教えてくれたことであったから、おそらく有名な人なのだろうと思い、その人物についていろいろ調べ始めた。

柄谷氏はちょうどその頃、『ヒューモアとしての唯物論』を出版したばかりであった。確か買って読んだ気がする。正岡子規が出てきて、それがなにやら哲学っぽく論じられていることに驚いた覚えがある。子規と言っても、私の知識は、あの有名な横顔の写真と結核ぐらいのもので、とても読む気になどならない対象であった。ああ、教科書で見るだけの人でも、こんなに熱

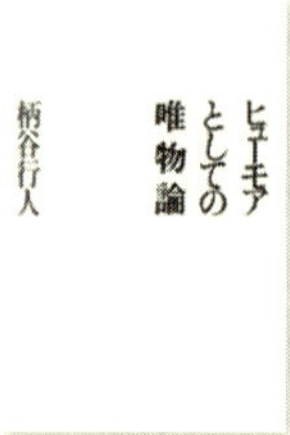

柄谷行人
『ヒューモアとしての唯物論』
筑摩書房
1993年8月

心に論じられることがあるのか……。そういう感慨があった。

学祭の柄谷行人講演会に行ってみた。確か教授棟の一階の暗い部屋だったと思う。司会の人が本人を紹介しているのに、当人はずっとタバコを吸っていた。話はカントについてであった。今から思えば、柄谷氏がカントについてかなり強い関心を示すようになった最初期のことであって、いまだカントへの関心が氏の中で十分には固まっていなかったのではないかと思う。

話はべらぼうに面白かった。正直言って、私が知っている柄谷カント論の中で一番面白かったと言ってもいい。柄谷氏は「僕は最近、カントを勉強しているんですけれども、そのメモみたいなものがありますので、それをまず黒板に書きます」といって講演を始めた。左の方に「物自体」とあり、その横に縦線が引かれ、縦線の脇に「現象」と書いてあったのを覚えている。右側にはおなじみの「感性」、「悟性」、「構想力」、「理性」、そして「図式」といったカント用語が並んでいた。

今思うと本当にカント哲学の初歩である。その頃はカントのことをよく知らなかったから「ふむふむ」と聞いていたけれど、今思えば、「本当にバカ正直に初歩的なところから勉強するひとなのだなぁ」と感心する。皮肉ではない。そういう氏の態度は今も変わっていない。

この講演のタイトルは覚えていないのだが、講演の内容は「カント的転回」という論文になった。『現代思想』「臨時増刊　カント」に収録された論文だ。この号が出た当時に自分で確認したことなので、多分間違っていないと思う。だからこの論文を読めば、この講演の内容はだいたい分かる。

ただ残念なことに、この論文は氏の論文集などには収録されていないようだ。しかし、繰り返すが、これはべらぼうに面白い。ある意味で、カント主義者としての柄谷行人の若書きである。若書きであるが故の、カントに対する新鮮な驚きがそこにはある。

さて、私はこの講演を機に、すっかり柄谷行人のファンになってしまった。彼の本を片っ端から読んでいった。一番熱心に読んだのは『マルクスその可能性の中心』であった。この本には強い影響を受けた。

マルクスの『資本論』を、価値形態論を中心に読み解くという同書の試みが、当時どれぐらいインパクトを持っていたのかは私には分からない。それ以前のマルクス研究を体験していないからである。とはいえ、私が衝撃を受けたのは、そこではなかった。私が衝撃を受けたのは、商品の価値は商品には内在していないというこの一言であった。

どうだろう、いまの読者はこの一言に衝撃を受けるだろうか？　とにかくこれはまだ二〇歳にもなっていない私には驚くべき体験であった。是非とも『資本論』を読みたいと思い、友人を募り、輪読会を開催した。

『現代思想』
「臨時増刊　カント」
青土社
1994年3月

柄谷行人
『マルクスその可能性の中心』
講談社（講談社学術文庫）
1990年7月

私は柄谷行人が言っていることを確認したいがために『資本論』を読んでいた。そういう読解態度はよくない。だが、若かったのだから仕方ない。おそらく私は勉強会で何度も「価値は商品に内在していない」と呪文のように繰り返していたのだろうと思う。

よく覚えているのは、友人たちがそれに納得しなかったことである。「それは分かるけど、でも……」という反応であった。おそらく私は反発して反論したであろう。だが、友人たちのこの反応は貴重であった。私はこの一連の過程の中で、とても大切な問題に出会っていたからである。

「商品の価値は商品には内在していない」という物言いは、要するに、「価値など幻想に過ぎない」ということを意味している。当時、アカデミズムは「そんなものは幻想に過ぎない」という言い方を様々な対象に向けていた。

私は政治学科にいたので、最もよく付き合った「幻想」はネーション、あるいは国民国家である。ベネディクト・アンダーソン『想像の共同体』はよく読んだ本だった。今でもすばらしい本だと思う。

アンダーソンは中越戦争（一九七九年）に衝撃を受けてこの本を書いた。共産主義者は祖国を持たないはずだった。ところが、国境といういかにも近代的な概念が共産主義国家を戦争に追い込んだ。ネーションはどうしてそれほどの力をもつのかというのがアンダーソンの問いかけであった。

ベネディクト・アンダーソン
『増補　想像の共同体
——ナショナリズムの起源と流行』
白石さや・白石隆訳
NTT出版（ネットワークの社会科学）
1997年5月

この本についてはこれ以上は説明しない。私が何となく居心地悪く感じていたのは、この本を使って「国民国家など幻想に過ぎない」ということをずっと呪文のように繰り返している「研究論文」の数々であった。

だが私も同じだった。私も「価値など幻想に過ぎない」と呪文のように繰り返していた。重要なのは、そういう「幻想」が、にもかかわらず私たちを突き動かすことではなかろうか？　そう、「幻想」によって我々は物を買うし、「幻想」によって戦争までする。そういう現実を前にした時、「幻想に過ぎない」と口にする人たちはどうするのだろう？　おそらく「あいつらはバカだ」と言うのだ。

柄谷行人の論旨がどうだったかは分からないし、いまはそれには関心はない。ただ時代はそういう雰囲気であった。「そんなものは幻想に過ぎない」と言って、その幻想がもつ力にも、その幻想が働くメカニズムにも注意を払うことなく、幻想を幻想と名指して多くの人が満足していた。

思えば、当時、思想の業界には、あまりやることがなかったのかもしれない。貧困など問題になっていなかったし、湾岸戦争こそあったものの冷戦崩壊はそれなりに平和な世界をイメージさせたし、大学改革など誰も思いついていなかった。あの頃と比べると、今はどれだけ考えなければならない問題が山積しているか。目眩《めまい》がする思いだ。

「そんなものは幻想に過ぎない」という口調で語っている私に違和感を示してくれた友人たちのおかげであろうか、私もこの口調の問題点に段々と気付いていった。幻想を指摘して終えるのは何も考えないことである。現実は幻想によって動いている。ならばそのすべてを解きあかさねばならない。幻想がもつ力、そのメカニズム、それを明らかにせねばならない。

さて、私がそうやって考えたことをきちんと書き留める機会はなかなか訪れなかった。その機会が訪れたのはちょうど一〇年後のことだ。

二〇〇四年、私ははじめて本を出版した。といっても自分の本ではない。哲学者ジャック・デリダの著書の翻訳である。だが、短い本だったこともあり、私はそれに解説を書くことになった。何を隠そう、これが当時、岩波書店にいた互さんとの初めての仕事であった。

その『マルクスと息子たち』は、タイトルが示すとおり、デリダがマルクスに取り組んだ本の一つである。私は自分なりにマルクスについて勉強してきたこと、そして、幸運にも実際に受講することのできたデリダの講義で学んだことのすべてを動員して、全力でその解説を書いた。そして全力で書いたこの解説の中で、私が取り上げたのが、「そんなものは幻想に過ぎない」のロジックであった。

ここで言う「幻想」をデリダは「亡霊」あるいは「亡霊的なもの」と呼ん

ジャック・デリダ
『マルクスと息子たち』
國分功一郎訳
岩波書店
2004年1月

でいる。デリダは得意の言葉遊びで、亡霊などが取り憑くことを意味する“hanter”という動詞から「憑在論（hantologie）」という言葉を作り出し、これを論じた。フランス語はhを発音しないので、この言葉は「存在論（ontologie）」と非常に近い響きをなすことになる。

デリダもまた商品の価値が亡霊的なもの、つまり幻想に過ぎないことに注意を促す。この亡霊性に目をつむる議論というのは、いわば価値が実在すると考える伝統的な存在論的思考である。しかし、デリダはこの存在論的思考を批判するだけでは終えない。つまり、「価値など亡霊的なものに過ぎない」と言って話を終えない。デリダが「取り憑く（hanter）」という動詞にこだわったのは、亡霊が幻想に過ぎないにもかかわらず、どうしても我々に取り憑くということを訴えたかったからである。

そう、デリダはまさしく、「そんなものは幻想に過ぎないではダメだ」と言っていたのである。

『マルクスと息子たち』は私が自らの著作を世に問うようになった、その出発点にある大切な本である。そして、この本で私が力を込めて書いたことは、私の出発点である大学一年生の頃の経験に根ざしている。私は、自分が大学生だった頃の雰囲気に、一〇年経って、やっと異議申し立てすることができたのである。

言語から出発する　〔互〕

そうか。國分さんにとって『マルクスと息子たち』の仕事がそんな意味をもっていたとは、今に至るまで知らなかった。言われてみれば、知り合ったばかりの國分さんから伝わってきたのは、何よりも「苛立ち」、そして「怒り」と呼びたくなるようなエネルギーだった。たしか二〇〇二年頃だったと思う。その源にどんな思いがあったのか、その一端に触れて、ようやく納得がいくとともに、私の中にもあの頃の雰囲気が甦ってきた。

國分さんが書いていた「幻想を幻想と名指して多くの人が満足していた」という感じ、きっと若いかたたちには分かってもらえないだろう。だから、それを自分の経験に即して書いてみようと思う。

私は國分さんより一年早い、一九九二年に大学に入学した。私の通っていた中高一貫校は、中学三年から第二外国語を履修することができた。深い理由もなくフランス語を選び、結果として私は高二の終わりから高三のはじめにかけて、フランスに滞在する機会を得ることになる。日本語、英語、フランス語が自分の中で同居するようになって気になり始めたのは、それまで何の疑いもなく「英文和訳」などをしていたが、ある日本語の文を英語やフランス語に翻訳するとき、そこで言われているのははたして同じものなのか、ということだったように思う。

そんな問いを漠然と抱えながら、言葉についての本に興味をもつようになった。

その中で大きな転機となったのが、鈴木孝夫の『ことばと文化』である。この本には、英語の"water"は日本語の「水」と同義ではなく、「お湯」も意味する、といったような例がたくさん出てくる。そこから導かれる結論はこうだ。――人間が現実を認識する仕方は言語によって異なる。

何を当たり前のことを、と思われるかもしれないが、これは当時の私にとっては大きな衝撃だった。同じ一つの現実があって言語がそれを記述するのではなく、現実の捉え方のほうが言語によって規定されているというのは、大げさに言うなら、世界が百八十度ひっくり返るような大転換だったのだ。「言語」というものへの私の執着は、ここに始まったと言える。そうして言語に関するさまざまな本を手にしていく中で出会ったのが、丸山圭三郎『言葉と無意識』という一冊であり、よもやこの時には自分が博士論文まで書くことになるとは想像もしていなかったフェルディナン・ド・ソシュールという言語学者だった。

鈴木孝夫
『ことばと文化』
岩波書店（岩波新書）
1973年5月

丸山圭三郎
『言葉と無意識』
講談社（講談社現代新書）
1987年10月

丸山が紹介するソシュールは、はっきりと「言語は事物の名称目録ではない」と言っている。そうではなく、言語こそが事物を作るのであり、言語というものは「体系」をなしていて、ある語の意味は他の語との関係の中でしか決まらないのだ、と。それまで想像したこともなかった考え方に触れて、私は興奮した。そして、ソシュールという人に、がぜん興味を覚えた。ここから同じ丸山による『ソシュールを読む』に進み、さらには丸山の主著『ソシュールの思想』にチャレンジするまでは一本道だった。挙げ句、私は浪人中の身でありながら、こんな専門書を持ち歩くような若者になったというわけである。

　こうして改めて振り返ってみると、まず感じるのは、『ことばと文化』や『言葉と無意識』のような新書から出発して、『ソシュールを読む』のようなソフトカバーの概説書に進み、さらには『ソシュールの思想』という専門書に至る、というルートが当時はわりあい容易に見つけられたし、実際に機能していた、ということだ（私事で恐縮だが、自分の出発点にある二冊の新書を刊行した二つの出版社の両方に勤めることになるのだから、人生というのは分からないものだ）。残念ながら、今このようなルートが同じように機能するとはとても思えない。そんな現状があるからこそ、たぶん私はこの本を書いている、という気がしてきたくらいだ。

丸山圭三郎
『ソシュールの思想』
岩波書店
1981年7月

丸山圭三郎
『ソシュールを読む』
岩波書店（岩波セミナーブックス）
1983年6月

話を戻そう。

言語はあらかじめ存在している現実の名称ではなく、言語こそが現実を作り出している。それはつまり、「現実」なるものは人間にとっては存在しない、少なくとも認識することができないということであり、人間が認識しているのは言語による構築物だけで、それは「現実」の側から見れば「幻想」であるということだ。國分さんが商品の価値を通して経験したことを、私は言語を通して経験したことになる。

このような思想の潮流は、当時「実体論から関係論へ」という表現で言われていた。そして、その動きはどうやら「構造主義」と呼ばれる潮流と関係があるらしい、ということを知った私は、晴れて大学生になってからは、背伸びできるだけ背伸びをして、関係のありそうな本に挑んでいった。

確認してみると、私が大学に入学した一九九二年には丸山圭三郎はまだ存命だった。当時、構造主義的な傾向をもっていた思想家としては、ほかに山口昌男、廣松渉、今村仁司、蓮實重彦、柄谷行人といった錚々たる人たちが活躍していた。いずれも、まだ新刊書店で流通していた『わかりたいあなたのための現代思想・入門II』で取り上げられていた記憶がある（この本、懐かしく感じる世代のかたがいるはずだ）。

一方、フランスに目を転じると、「構造主義の四天王」と称された人たち

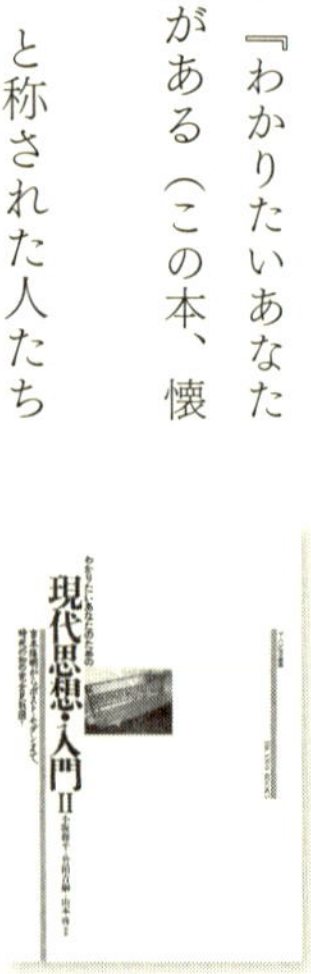

小阪修平・竹田青嗣・山本啓ほか
『わかりたいあなたのための
現代思想・入門II』
JICC出版局
1990年3月

のうち、ジャック・ラカン、ミシェル・フーコー、ロラン・バルトはすでにこの世になく、クロード・レヴィ=ストロースだけが伝説上の人物のように君臨していた。最前線で活躍していたのは（脱線が多くて申し訳ないが、「最前線」と書いて思い出したので記しておくと、ヴァンサン・デコンブ『知の最前線』は、版元の名前まで含めて懐かしい人も多いのではないか）、むしろ「ポスト構造主義」と呼ばれる思想を展開していた人たちである。その代表が、ジャン=フランソワ・リオタールやジュリア・クリステヴァ、そして國分さんにとって重要な二人の思想家ジャック・デリダとジル・ドゥルーズであり、一九九二年の当時はここに挙げた四人の全員が存命だった。

今になって思うと、デリダやドゥルーズの新刊が出るという情報に接したり、デリダやドゥルーズの次の著作はどんな内容になるのだろうと期待したりすることができるというのは、なんと贅沢だったのだろう。私にとって、この二人は特別なスターだった。当然、若者らしく（?）、内容などろくに理解できないのに、彼らの著作の訳書を買い求めたりもした。そういう経験は大切だったとも思うが、ここでの話題にとって重要なのは、一九九〇年代前半に人文書に興味をもった若者にとっては、構造主義とポスト構造主義の波が同時に襲ってきた、という事実である。

それは、私にとっては、ソシュールに始まる構造主義的な思想と、『グラ

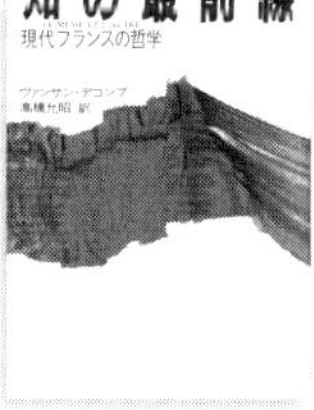

ヴァンサン・デコンブ
『知の最前線
——現代フランスの哲学』
高橋允昭訳
TBSブリタニカ
1983年5月

マトロジーについて』でソシュールを批判したデリダに代表されるポスト構造主義的な思想を一緒に受容する、ということを意味していた。「幻想」ということに絡めて言えば、バルトの『物語の構造分析』で「物語」という名の幻想に分け入っていくスリリングさを知り、それが歴史学の「言語論的転回」という潮流につながっているのを知る一方で、リオタールの『ポスト・モダンの条件』で「大きな物語の終焉」と言われていることの意味を冷戦が終わった直後の世界の中で考える、ということだ。

　むろん、これは一学生には荷の重い、いや、荷の重すぎる課題である。ただ、そんな込み入った状況だったからこそ、「歴史とは物語にすぎない」（フランス語では「歴史」も「物語」も同じ“histoire”である、ということを何度聞かされたことだろう）とか「すべては物語である」と口にして、何事かを言った気になっている人たちが少なくないという事実に気づいたとき、モヤモヤした違和感を覚えた、ということも確かだと思う。

「幻想」や「物語」であると言って指弾することは、えてして、すべてを相対化してニヒリズムを呼び込んだり、太平楽な民主的主張を呼び込んだりして終わる。だからといって「幻想」や「物語」を否定すれば、「現実」にこそ向き合え、といった類いのプロパガンダに容易に行き着くものだ。その傾向は今また強くなってきているような気がする。かつては陸続と出現してい

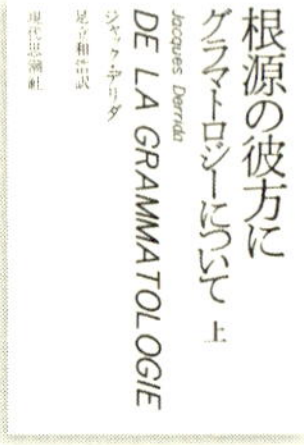

ジャック・デリダ
『根源の彼方に
——グラマトロジーについて』
全2巻
足立和浩訳
現代思潮社
1972年6月〜11月

ロラン・バルト
『物語の構造分析』
花輪光訳
みすず書房
1979年11月

た「言語」を主題とする思想がすっかり衰退してしまった現在の人文書の状況は、そのことをよく表しているのではないかと思う。

國分さんの使っていた言葉で言えば、確かに「幻想に過ぎないはダメ」だが、「幻想に過ぎないはダメ」だけでもダメ、なのだ。

当時の私がこんなふうに言語化できていたわけではないにせよ、自分の中に生まれたモヤモヤはリアルなものだった。國分さんはそれゆえデリダやドゥルーズに向かったということかもしれないが、私は「構造主義の祖」とされるソシュールを追究することに向かっていった。その過程では「今さらソシュールなんかやってどうするの?」などという心ない言葉を浴びせられたこともあったが、そんなことはどうでもいい。「幻想に過ぎないはダメ」だから「実体論」に帰るのでも、「現実」に向かうのでもなく、「幻想に過ぎないはダメ」を知るまなざしで「幻想」を見ること。つぶさに見て、それが機能するさまを、それがもたらす結果を考えること。——おそらく、それが今もなお必要なことなのだと感じる。

つまり、私は私で「言語」を拠り所にして異議申し立てをしようとしていたのだ。そして、その挑戦は今も続いている。

ジャン＝フランソワ・リオタール
『ポスト・モダンの条件
——知・社会・言語ゲーム』
小林康夫訳
書肆風の薔薇（叢書言語の政治）
1986年6月

暇と退屈の問題に出会う
［國分］

「幻想に過ぎないはダメ」を知るまなざしで幻想を見ること。それは私にとってもずっと課題であった。ここでは「幻想に過ぎない」から思い出すことをもう少し書いておきたい。

「幻想に過ぎない」が一九九〇年代中頃にあれほど力をもっていたのは、もっとざっくばらんに言えば、思想・哲学の業界において、特に積極的なことを言う必要がなかったからであろうと思う。

思想・哲学は大きな課題に直面していなかったのかもしれない。哲学はどんな時代にも栄えるわけではない。古代ギリシアを見れば、ポリスが危機に陥《おちい》った際に哲学が栄えた事実は明らかである。プラトンも腐敗しきったアテナイで哲学した。最近だとそのことを非常に強い口調で論じたのが柄谷行人『哲学の起源』である（なお、私は近年の柄谷の本の中で、これは出色の出来であり、文芸評論家としての柄谷行人の力量が遺憾なく発揮された傑作だと思っている）。

積極的なことを言う必要がないのだから、どうなるかといえば、皆が信じ

柄谷行人
『哲学の起源』
岩波書店
2012年11月

てきたものを「幻想に過ぎない」と指摘するぐらいのことしかできない。

とはいえ、拙著『暇と退屈の倫理学』で紹介したパスカル『パンセ』の議論に倣うならば、もらってもうれしくない兎《うさぎ》を求めて山に狩りに出かけ、兎を狩ることに本当に自分の幸せがあると思っている人は確かに愚かであろうが、その人に向かって訳知り顔で「君は単に暇つぶしがしたいだけであって、兎を狩ることに本当に幸せを感じているわけではないのだよ」などと言って満足している人間は「最も愚か」なのである。

私もまたそのようなパスカルの言う「最も愚か」な人間であったと思う。ただ、それだけで満足できなかったのは幸いであった。私はもやもやした気持ちを何とかしようと、あちこちに出かけた。いろいろな勉強会やイベントに足を運んだ。

その中で最も印象に残っているのは、「フォーラム90」という連続勉強会の中で行われていた田崎英明さんの講義である。毎月、確か神保町の方に出かけて、彼の授業を聞いた。いまは立教大学で教鞭を執る田崎さんは寡作の人であるけれども、後々、『無能な者たちの共同体』という著作にまとめられることになる思索が当時、その講義の中で語られていた。

大学院生や若い大学教師に定期的に会って話をするのははじめてのことだったので、とても刺激的であった。田崎さんは信じられないぐらい多くの洋

田崎英明
『無能な者たちの共同体』
未来社
2007年12月

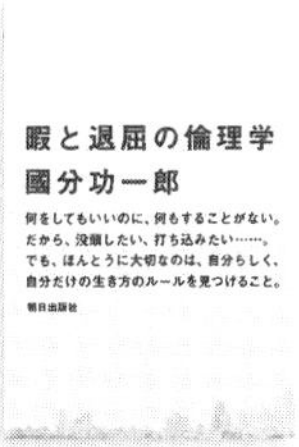

國分功一郎
『暇と退屈の倫理学』
朝日出版社
2011年10月

書を読んでいた。後々、自分にとって重要な参照先になるレオ・シュトラウスの思想（特に『自然権と歴史』）に触れたのもそこでであったと思う。

よく覚えているのは、日本ではあまり知られていないかもしれないが、シュトラウスの弟子であるスタンリー・ローゼンのことである。田崎さんは熱心にローゼンの『プラトンの饗宴（*Plato's Symposium*）』について語っていた。内容はよく覚えていないのだが（すみません）、現代的な関心からプラトンを読むという田崎さんの読み方がとても新鮮だった。

田崎さんが現代的な関心から古代ギリシア哲学に向かうにあたって参考にしていたのが、今となっては信じられないけれども、当時日本ではまったく名前を知られていなかったイタリアの哲学者ジョルジョ・アガンベンであった。私は毎月アガンベンの哲学について話を聞いていた。これは日本でも相当早い受容であったと思う。田崎さんはイタリア語が読めたので、イタリアで出版され、また翻訳はされていないアガンベンの著作を読みあさっていたようだ。その話を聞けたのだから、とても貴重な機会だった。『ホモ・サケル（*Homo sacer*）』の原著は一九九五年の出版であったから、ほとんど出版と同時にその話を聞いていたことになる。ありがたいことだ。なお、田崎さんは私と同じ市に住んでおり、最近はたまに市役所や駅で会う。

話を戻す。さきほど積極的なことが言われていなかったと述べた。そうや

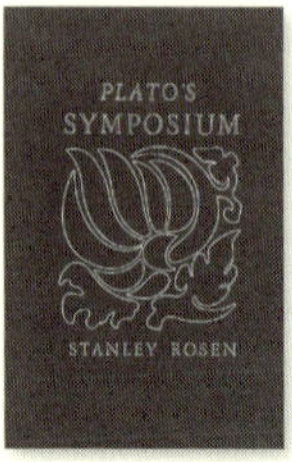

Stanley Rosen
Plato's Symposium
Yale University Press
1968

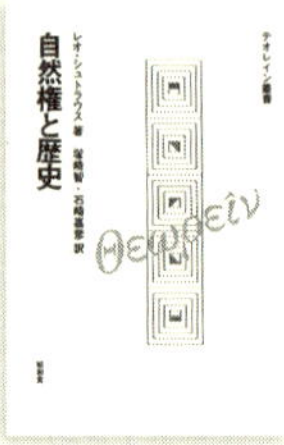

レオ・シュトラウス
『自然権と歴史』
塚崎智・石崎嘉彦訳
昭和堂（テオレイン叢書）
1988年8月

って様々な場に足を運んでいたけれども、そのことに対する不満は解消はされていなかったように思う。面白いことにはたくさん出会った。しかし、積極性を持てない中に生きていることを自分ではどうにもできずにいた。

　実はこの不満は私の中で後々、退屈や暇に対する関心として具体的なものになっていく。それは先ほど名前を挙げた『暇と退屈の倫理学』という本に結実することになるのだが、実際、あの本の構想は大学生の時に遡る。あの頃に本を書こうと思ったわけではないけれども、実際、同書で扱った問題系に気付いたのは大学生の時である。実は、私はその問題系に自分がハッキリと気付いた瞬間を覚えている。瞬間というか、それを教えてくれたテキストがあった。それは間違いなく、私にとって『暇と退屈の倫理学』の起源である。

　そのテキストとは、雑誌『文藝』の一九九六年冬季号に載った「丹生谷貴志ロング・インタヴュー」である。丹生谷氏は大学生の時から好きな書き手だったが、大変失礼ながら、このような記事を同誌が大々的に宣伝しているのを見た時、私は友人たちと「そんなに大袈裟に言うほどのことかね」とやや嘲笑気味に話をしていた。しかし、その記事は私にとっては忘れられないものになった。

　丹生谷氏はその中で、ホスピスに勤める看護師が麻酔薬を過度に注射する

『文藝』
1996年冬季号
河出書房新社
1996年11月

Giorgio Agamben
Homo sacer:
Il potere sovrano e la nuda vita
G. Einaudi
1995

などして患者を死なせた事件について語っていた。丹生谷氏は、毎日毎日、未来のない患者を前にして仕事をすることがその看護師をそうした精神状態へと追いやったことは理解できなくないと語っていた。そしてそこには何か退屈や暇とでも呼ぶべき問題があるのではないかと指摘していた。

　おそらく私たちは一九世紀あたりからこの退屈と暇の問題に直面している。しかし、それは表だって語られていない。ただ、その問題に気付いていた思想家はいる。自分の考えではそれはロラン・バルトだ——丹生谷氏はそう言っていた。

　私は大変な衝撃を受けたのを覚えている。自分が感じていた感覚を言い当てられたような気がした。そして、この退屈と暇の問題に気付いていたのがバルトであるという指摘には、当時も今も、変わらぬ強さで同意できる。バルトはそういった書き手であると自分は強く信じている。

『暇と退屈の倫理学』ではバルトを扱わなかった。扱いきれなかった。しかし、私が「暇の問題」という研究テーマでちびちびと資料を集め始めた時、最初に取り組んだのはバルトだった。バルトは今は本当に読まれていない。残念だ。私が学生の頃は、「作者の死」については誰もが知っていたし、思想・哲学に関心ある者にとっては、『テクストの快楽』は必携の書であった。

　おそらくバルトは、軽やかな〝おフランス〟の作家というイメージで片付

ロラン・バルト
『テクストの快楽』
沢崎浩平訳
みすず書房
1977年4月

けられてしまった（今では、そういうイメージですら存在しないだろうし、そもそも書いてみて思ったが、最近は「おフランス」と言わない）。私にもそういうイメージがなかったわけではない。しかし、バルトは真剣に退屈と暇の問題に向き合おうとしていた。

『彼自身によるロラン・バルト』という変わった本がある。著名な作家を紹介するシリーズの一冊なのだが、バルトは自分で自分自身を紹介する本を書いてしまったという話だけ聞くと笑ってしまうような本である。しかし私はこの本を読みながら、バルト自身の極めて真剣な問題意識に触れた。それは彼が自分の著作を分類している箇所である。その中で彼は『テクストの快楽』を分類して「倫理」の項目に入れていた。

日本では「テクスト論」などというラベルで一世を風靡するとともに、保守派からは嫌悪された「テクスト」なる語。詩のような断片からなる『テクストの快楽』は、軽やかな〝おフランス〟の作家バルトというイメージを最も強めたものだったかもしれない。しかし、そのような読みはまったく彼の問題意識に届いていない。バルトはあの本を倫理学の本として書いた。つまり、「どう生きるか？」を考えるための本として書いた。そして、おそらくその「どう生きるか？」という問いは、丹生谷氏の言うように、「退屈と暇の問題につきまとわれざるをえないこの時代と社会のなかでどう生きる

ロラン・バルト
『彼自身によるロラン・バルト』
佐藤信夫訳
みすず書房
1979年2月

か？」という問いであったのだ。

　悩みも問題も突きつけられない生を生きることの難しさ。たとえば、「幻想に過ぎない」などと口にして何かを腐して満足するならば、この難しさにはたどり着けない。私はバルトを通じて、その難しさに少しだけ触れることができた。

書物は何のために？　［五］

むむ、なんだか妙に弱気な國分くんだぞ。とはいえ、「まえがき」に書いた「いつも正論を熱く、明快に語る」國分さんの裏側に、こういう側面があることは私にも何となく分かる。きっと、この二面性が國分さんの魅力であり、人気の秘密でもあるのだろう。

申し訳ないけれど、私自身は「悩みも問題も突きつけられない生を生きることの難しさ」というのは、あまり切迫して感じたことがない。ひょっとすると、一九九〇年代以降の時代の雰囲気を正確に感じ取ってこなかったのかもしれない。だとすれば、反省すべきことだ（今さらどうしようもないが）。

ただ、この点に関して思うのは、國分さんが書いている「特に積極的なことを言う必要がなかった」というのはたぶん正確ではない、ということである。あの当時は、思想が真剣に考えるべき問題がなかったのではなく、真剣に考えるべき問題が何なのかが分からなくなっていた、というのが私の認識だ。当然、その背景には冷戦終結直後という大きな状況があったし、リオタールの言う「大きな物語の終焉」もその状況を受けて宣言されている。「大きな物語」がなくなったら問題がなくなるわけではない。「小さな物語」しかなくなった時に何を考えなければいけないのか――それが分からなくなったのが一九九〇年代以降の時代であり、その事実は今も本質的に変わっていないと私は思っている。

自分は「悩み」や「問題」を「突きつけられ」ていたなどと言うつもりはないが、ことによると私がたどってきた少々変わった道行きが影を落としているのかもしれない。この四半世紀の人文書の状況とも関わっているので、そのことを書いてみよう。

大学に入って手当たり次第に人文書に手を伸ばしていった私だったが、結局、出発点にあったソシュールをテーマにして卒業論文を書いた。私が身を置いていた環境は、そのまま大学院に行って研究を続けるという人が大多数で、就職活動のシーズンになっても、その雰囲気はほとんどなかった。はじめは何の疑問もなく自分も大学院に進学するのだろうと思っていたが、そんな周囲に反撥する気持ちもあったのだろう、私は就職活動に取り組むことにした。出版社を中心に活動を始めた私の第一志望は、『ソシュールを読む』と『ソシュールの思想』の版元である岩波書店だった。

急に話題が変わるようだが、國分さんが前回の最後のところで書いていたことは、私だったらこう表現する――テクストを読むこと、本を読むこととは、「どう生きるか?」を問うことであり、それを問うための適切な問いを発見し、立てることである、と。そして、大学生の私がそのことを鮮明に経験した一冊がある。それが『君たちはどう生きるか』という書物だった。

　実際、私は岩波書店の応募作文で、この吉野源三郎の本を取り上げた。合格して入社したのは一九九六年のことだが、その後の約二〇年間、この本が話題にされるのを目にしたことも耳にしたこともなかったし、そもそも「君たちはどう生きるか」という問いの立て方が時代からずれてしまったのだと思っていた。だから、二〇一七年夏に出た漫画版の空前の大ヒットは私にとっては狐につままれたような気分になる出来事と言うほかないが、しかし最近になって、このヒットこそ、この四半世紀がもたらしたものが何なのかを示しているのかもしれない、と思うようになってきた。

　私が就職した一九九六年は、あとから振り返ると、出版界の売り上げがピークを迎えた年だった。この年の出版物の販売金額は二兆六五〇〇億円。その後、右肩下がりを止めることができないまま、二〇一七年には一兆三七〇〇億円まで落ち込んでいる。まさに半分だ。ところが、新刊点数に目を向けてみると、一九九六年は六万三〇〇〇点だったのに対して、二〇一七年は七万五〇〇〇点である。さらに一九八〇年代に遡ると三万点台でゆるやかに推移していたのだから、冷戦が終結する頃から新刊点数は爆発的に増えたこと

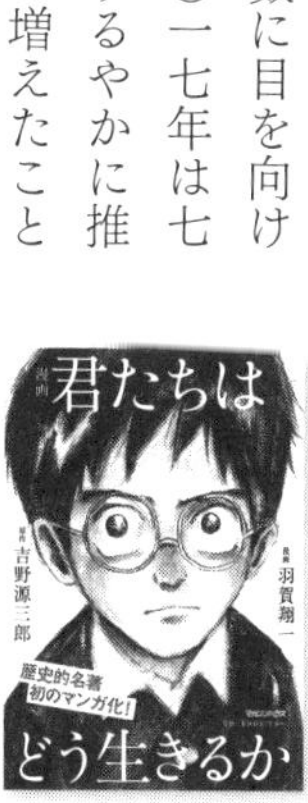

吉野源三郎原作、羽賀翔一漫画
『漫画　君たちはどう生きるか』
マガジンハウス
2017年8月

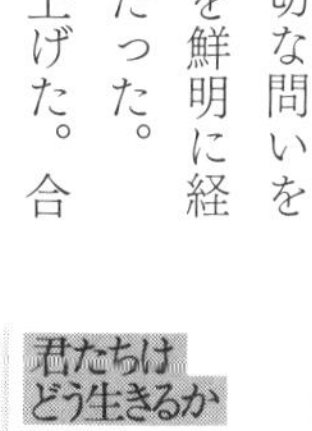

吉野源三郎
『君たちはどう生きるか』
岩波書店（岩波文庫）
1982年11月

になる。これは一見、さまざまな本が出て読者にとっては喜ばしいことのように思えるかもしれないが、端的に一点一点の売り上げが落ちたことの表れである。それは、作り手の側から見れば一点一点を作って売るために割ける時間や労力が少なくなったということであり、書き手の側から見れば自分の書いたものを出版しやすくなったということでもある。この事情は人文書についても、もちろん変わらない。

　なぜこんな話をしているのかといえば、ある光景が思い出されたからだ。就職はしたものの、ソシュールを追究したいという気持ちをくすぶらせていた私は、入社して三年目の一九九八年、当時推進され始めていた社会人入試を利用して大学院に通うことにした。修士課程に入ったあと、社会人も含めた周囲の同級生とおしゃべりをしている中で、かなり多くの人が自分の研究分野以外の本をほとんど読まない、という事実に気づかされたのだ。文系の大学院に行って研究しようとしている人たちがこうなのだから、本は売れなくなって当然だろう。

　私は非難したくて、この話をしているのではない。おそらくは書籍に限らず、自分の知りたいことしか知りたくないという傾向が、あの頃からどんどん強くなってきているのではないか、と問うてみたいのだ。

　それは単に本を買わなくなった、というようなことではない。テクストを読むこと、本を読むことが、「どう生きるか？」を問うこと、そしてそれを問うための適切な問いを発見し、立てることから離れていった、ということなのだと私は思う。その傾向が進んでいったところで、すでに離れてしまった本を読むことと「どう生きるか？」を問うことがそれでも一致しているように見えるとしたら、疑問の余地のない外見をしていなければならない――例えば『君たちはどう生きるか』という書名のように。

おそらく、この傾向を思想界で表していたのが、國分さんがたびたび触れる『現代思想』二〇〇二年一二月号の特集「税の思想」だろう（早い者勝ちなので先に書いてしまおう）。「現代思想キッズ」（こんな言い方も、もはや死語だ）だった私がこの雑誌をチェックし始めた一九九二年の特集タイトルを拾ってみると「グノーシス主義」（二月号）や「ドーキンス」（五月号）、「生命機械」（八月号）だったのだから、「税の思想」にはギョッとさせられたものだ。そして、五ヵ月前の二〇〇二年七月には、第Ⅲ期を迎えていた『批評空間』が（編集人の急逝という悲しい出来事によって）突如、終刊していた。

一九九〇年代に思想に関心をもっていた若者にとって、『現代思想』以上に『批評空間』という雑誌は「テクストを読む」ことの奥深さを実感できる媒体だった。この雑誌を舞台に登場したのが東浩紀氏であること、そしてまさにその終刊号に國分さんの論文「無人島と砂漠――ジル・ドゥルーズ「無人

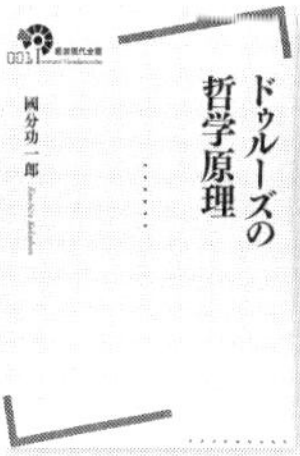

國分功一郎
『ドゥルーズの哲学原理』
岩波書店（岩波現代全書）
2013年6月

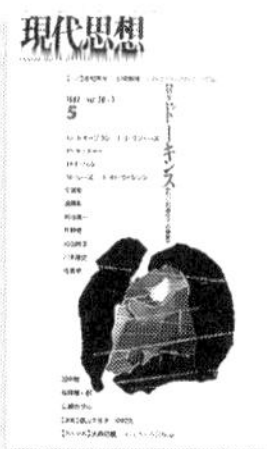

『現代思想』
「特集　ドーキンス」
青土社
1992年5月

島、その原因と理由」から出発して」が掲載されていることが何よりの証左だろう（思えば、この論文はのちに私が編集長を務めていた頃の雑誌『思想』に連載され、『ドゥルーズの哲学原理』にまとめられる國分さんのドゥルーズ論の原型をなすものだった）。

その『批評空間』が第Ⅲ期を開始すると同時に「NAM」という「現実」の運動体を発足させ、わずか四号を刊行したところで終刊してしまった、という事実は実に象徴的に感じる。ここまでの話の流れに即して言えば、二〇〇〇年代に入って勢いを増していったカルチュラル・スタディーズ（代表的な入門書を挙げれば、上野俊哉・毛利嘉孝『カルチュラル・スタディーズ入門』と吉見俊哉『カルチュラル・スタディーズ』は二〇〇〇年九月刊、同編の『知の教科書　カルチュラル・スタディーズ』が二〇〇一年四月刊である）を横目に見ながら、「テクストを読む」ことの大切さ、難しさを通して「幻想に過ぎないはダメ」と訴えていた『批評空間』が、目の前に見えている「現実」と向き合うものに変質しつつあった、ということだ。

「現実」というのは、言い換えれば、自分の目に映っている世界のことだろう。もちろん、一人の人間が自分で経験することで直接見たり知ったりできることは、ごく限られている。書物がもつ機能の一つは、「他者」というものを通して自分の世界を広げていくこと、あるいは世界を見る見方を多様に

上野俊哉・毛利嘉孝
『カルチュラル・スタディーズ入門』
筑摩書房（ちくま新書）
2000年9月

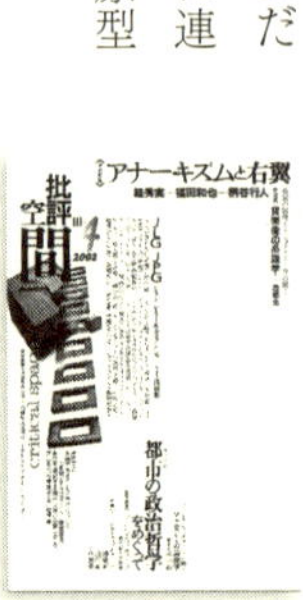

『批評空間』
第Ⅲ期第4号
批評空間
2002年7月

していくことにある。例えば、もし私がソシュールを知らなかったら、言語を見る見方も、人が言葉を使っているのを見る見方もずいぶん違うものになっていたはずだ。だとすれば、思想が、そして書物が「現実」と向き合うとは、他者を通して自分の目に映っている世界が少なくとも一部は壊され、その先に新たな世界の見え方、多様な世界の見え方を探っていくこと、ではないだろうか。

だが、今こんなふうに書いていて、私は書いている自分を説教くさいと感じている。そう感じてしまうのが、きっと今という時代なのだろう。博士論文を出版したあと、幸運にも人文書に分類される本を書き続けることができている私は、一方で、もう二〇年以上も編集者として人文書を作り続けている。そんなちょっと変わった道を歩んできた私から見ると、この四半世紀を経てたどりついたのは、真剣に考えるべき問題が何なのかを考えずに済ませられるくらい、真剣に考えるべき問題がすぐ目の前に見えているように感じさせられる時代だと思える。だから、先ほどのような話は七面倒くさい、つまり説教くさいと感じられるのだろう。しかし、私にとっては、そのような状態こそ「退屈」に思えてならないのだ。

真剣に考えるべき問題は、そんなに簡単には見えてこない。——そのことを伝えたくて、私は本を作り、自分でも本を書いているのかもしれない。

吉見俊哉編
『知の教科書
カルチュラル・スタディーズ』
講談社（講談社選書メチエ）
2001年4月

吉見俊哉
『カルチュラル・スタディーズ』
岩波書店（思考のフロンティア）
2000年9月

単に国家権力を批判するのではなく　〔國分〕

互さんが『現代思想』の「税の思想」特集号に触れられたので、そのことを説明しておきたい。おそらくある程度の説明を加えない限り、この特集号のどこが驚きであったのかは今となっては全く理解されないであろう。そのような忘れられた雰囲気を記録しておくことは本書の重要な目的である。そして、これこそは私が記録しておきたいと思っている雰囲気の中でも最も重要なものの一つだ。

　私が学生だった一九九〇年代中頃の日本では、国家の政策は思想や哲学の課題ではないと考えられていた。それどころか、国家の政策を取り上げることは国家主義的であって、危険であるという雰囲気すらあった。その雰囲気はある意味では消えつつあった。だが、私はまだまだそのような雰囲気の空気を吸いながら、思想や哲学の勉強をしていた。

　詳しくは論じないが、その背景には国家と社会の安定があった。後に「失われた二〇年」と呼ばれる時代の始まりであったとはいえ、今とは比べものにならないほどの安定がそこにはあった。たとえば、今となっては信じられ

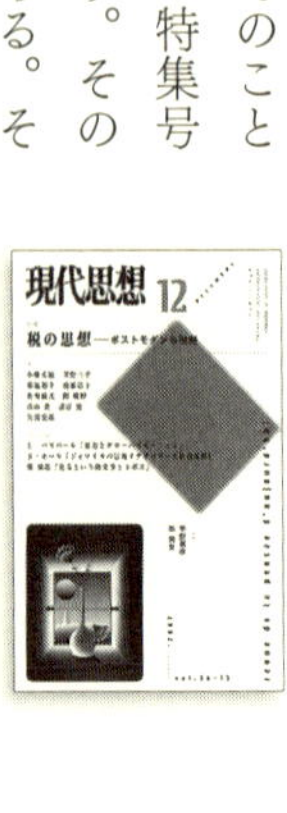

『現代思想』
「特集　税の思想」
青土社
2002 年 12 月

ないだろうが、私が学生の頃は終身雇用制度が批判されていた。とある有名な経済学者が終身雇用制度は悪くないと言っているという話を聞いて、「そうか、そういう見方もあるのか」と思ったのをよく覚えている。

つまり、安定がくびきと感じられていた時代なのであり、社会の流動性を高めることが重要課題であると考えられていた。批判的勢力、いわゆる左派もまたこの安定の中にいた。国家は個人の自由を縛る存在として考えられており、その権力をとにかく批判することが左派の課題だった。国家のために、国家に代わって、その政策を論じるなどもってのほかだったのである。雑誌『現代思想』が「税の思想」という特集号を組んだことが驚きをもって迎えられたことの背景には以上のような事情がある。

だが、それだけではない。そこにはそうした社会学的な説明では尽くせない理論的な問題があった。資本主義についての特殊な理解が支配的であったことが、思想と哲学を国家の問題から遠ざけていたのだ。

この特殊な理解を知るためには、他ならぬこの特集号に掲載された萱野稔人の論文「全体主義的縮減」を繙《ひもと》くのがよい。この論文は後に彼の代表作である『国家とはなにか』の第七章に収録されることになるが、その中で萱野はまさしく税が思想・哲学の問題であること、しかも、この分野に「精通」している者たちなら誰もが目にしていたはずのテキストに明確に書き込まれ

萱野稔人
『国家とはなにか』
以文社
2005年6月

ていたにもかかわらず、誰も見ようとしなかった問題であることをきわめて説得的に論じた。

そのテキストとはジル・ドゥルーズとフェリックス・ガタリのそれである。当時日本でも大変人気であった『千のプラトー』の中でドゥルーズとガタリは、貨幣は交換や商業の要求から生まれたのではなく、税の徴収から生まれるのだとはっきり述べている。富者が税として納めるものと貧者が税として納めるものとの間に比較可能で等価的な関係が確立されるためには、それらの「客観的」な価値をはかる基準が必要である。貨幣はそのためにこそ生み出されるのであって、徴収が貨幣の前提である。

当時は貨幣が税の徴収から生まれたというこの考え方そのものが全く理解されていなかった。というのも、貨幣をマルクスの価値形態論で、そして価値形態論だけで論じる見方が一般的だったからである。柄谷行人の『マルクスその可能性の中心』や岩井克人の『貨幣論』は大きな影響力を持っていた。そこではいつも、徴収ではなくて交換が問題にされていた。

だが、「x量の商品A＝y量の商品B」から貨幣形態が発生する様を描き出す価値形態論は、読者を貨幣の神秘へと投げこまずにはおかない。弁証法的に整序されたこの説明は神秘以外の何物でもないからである。そして読者は、その神秘に悩み続けるという仕方で享楽し続ける。しかも、この享楽は

岩井克人
『貨幣論』
筑摩書房（ちくま学芸文庫）
1998年3月

ジル・ドゥルーズ＋
フェリックス・ガタリ
『千のプラトー
――資本主義と分裂症』
宇野邦一・小沢秋広・田中敏彦・
豊崎光一・宮林寛・守中高明訳
河出書房新社
1994年9月

強烈であった。

この享楽にふける価値形態論中心主義的議論の問題点は明らかだ。そこからは徴収する主体、すなわち国家の問題がすっぽりと抜け落ちる。そこにはなぜ徴収が可能になったのかを問う視線は現れない（マルクス自身は『資本論』において、価値形態論の外部としての原初的蓄積という暴力を論じているにもかかわらず）。資本主義は純粋な交換と差異の体系として理解されることになる。あまり言いたくないが、その理解は市場原理主義者たちの資本主義像と実はそっくりである。マルクスは、「実際には本源的蓄積の方法は、他のありとあらゆるものではあっても、ただ牧歌的でだけはなかった」と述べている（マルクス『資本論』第一巻第二四章「いわゆる本源的蓄積」）。交換から貨幣を考える議論は「牧歌的」である。マルクスの言う通り、「現実の歴史においては、周知のように、征服、圧制、強盗殺人、要するに暴力《ゲヴァルト》が、大きな役割を演ずる」（同前）。ドゥルーズ＝ガタリの資本主義論は、「牧歌的」資本主義論への批判だったのだ。

さて、徴収する主体があってはじめて貨幣と労働が成立するのだとすれば、それらの流れを自律的に制御しているように見える資本主義も、最終的にはこの主体、すなわち国家に依拠するものであることになる。そして国家が徴収する主体としてあるのだとすれば、それはもちろん、暴力を背景にし

マルクス
『資本論』
全9冊
エンゲルス編、向坂逸郎訳
岩波書店（岩波文庫）
1969年1月〜1970年3月

て存在しているのである。

資本主義は、国家が徴収を通じてもたらした富と労働の流れが積分され、国家装置そのものを凌駕する形で成立する。具体的にはそれは、暴力を専門的に扱う主体である国家と、労働を管理する主体である資本家が分離することによって成立する。とはいえ国家は、労働の管理という、いったんは手放した活動に全く関わらないわけではない。雇用の保護、社会保障の整備、組合運動の合法化、公共事業等々、様々な「公理」を作り出し、労働と資本の資本主義的流れを補助する。

問題はここからである。全体主義的な傾向が強まると、国家は資本の価値維持や外的部門の均衡に関わる公理だけを保持し、住民の生存条件や権利に関わる公理は積極的に廃棄しようとする。これがドゥルーズ＝ガタリの言う「全体主義的縮減」で、萱野の論文のタイトルはそこから取られている。ドゥルーズ＝ガタリは税の徴収という観点から出発して資本主義を定義し、その上で「全体主義的縮減」を、つまりは公理の縮減を批判的に論じたわけである。

ところが、一九八〇年代以降の日本の言説空間では、公理の縮減がなぜか「国家からの自由」と見なされた、と萱野は指摘している。公理の縮減はなぜそのように受けとめられたのだろうか？　当時は、国家の活動範囲が狭まることが自由の拡大につながると考えられていたからである。国家は個人の自由を束縛する権力装置としてしか考えられていなかったのだから、当時の日本の言説空間では国家について十分に考察することなど不可能だったのだ。萱野はこれを鋭く批判した。非常に説得力があった。

　私はこの議論は理論的にも実践的にも新しい展望を開くものだと思った。どういうことかと言うと、国家そのものは資本主義がなければ存在しえないものではないが、資本主義は自らの実現モデルを整えてくれる主体を常に必要とする。すなわち、資本主義は国家に依存する。ならばその実現モデルを構成する諸々の公理こそが両者の関係を規定するのであるから、現在の公理系にいかなる公理系を対置できるかが、政治経済に関わる闘争の大きな賭け金となる。つまり、政治経済に関わる闘争にはやるべきことがあると理論的に説明することができる。

　なぜそのようなことをいちいち述べるのかといえば、当時の思想・哲学は現実の政治闘争についてマイノリティーの連帯ぐらいのことしか言えていなかったからである。それに対し「全体主義的縮減」の概念は、国家を単に権力装置として批判するだけでは不十分であること、たとえば「自由」の名の下に行われる規制緩和という公理に対して、労働者を保護するための公理を対置するといった仕方で、公理上の闘争を行う必要があることを教える。

今では当たり前と思われるかもしれない。だが、当時これは斬新だった。だから私は今でも萱野の『国家とはなにか』を高く評価しているし、『現代思想』の「税の思想」特集を一つの重要なメルクマールと考えている。差異と交換だけで資本主義を論じるやり方の問題点はその頃から思想・哲学の領域の中で少しずつ理解されていったように思う。それは新しい政治的リアリズムを生み出したと言えるかもしれない。

だが、最近は問題がもう一段階進んでいるように感じる。一九九〇年代には、それを支える思想は稚拙なものだったかもしれないが、国家と市民の緊張関係がまだ残っていた。だが、この政治的リアリズムが強まるにつれて、その緊張関係は忘れられていった。そして、国家と市民の緊張関係が忘れられて政治的リアリズムだけが残った時、我々の目の前に現れたのは「対案主義」のようなそれこそ稚拙な思想だったのではなかろうか。「野党は批判ばかりしている」という感想を大人が口にする時代である。どうしたら更にもう一歩前に進めるのかをずっと考えている。

「分かりやすさ」の罠　〔五〕

本書をはじめから読み進めてくださっているかたはお気づきのことと思うが、國分さんは「国家」にこだわり続けているようだ。国家は「幻想に過ぎない」と言ってみせる訳知り顔に反撥して哲学や思想の世界に足を踏み入れた一九九〇年代。しかし、その頃は「特に積極的なことを言う必要がなかった」状況があった。それを國分さんは「安定」と呼んでいる。その安定が消え失せ、代わりに生じた「不安（定）」に居直っているようにすら見える現象にも、もう驚かなくなった。「対案主義」というのも、その一つだろう。

こうした時代認識を、私も共有する。共有しているからこそ、本書を書いているし、書けているのだとも思う。そんな時代の中で考えるべきことは何か——それが國分さんの一貫した問いなのだろう。そして、蔓延する居直りを正し、これから長く続くであろう「不安（定）」の中で、いかに考え、いかに生きるべきなのかを模索して、もがいている姿——本人は気づいていないかもしれないが、本書の國分さんから伝わってくる、どことなく沈鬱な雰囲気は、その表れのように私には思える。

……おっと、國分さんに引っ張られて、ついこんな話を書いてしまった。この雰囲気を払拭しないといけない。

「対案主義」と聞いて、思い出したことがある。ずいぶん前になるが、國分さんと二人でおしゃべりをしていた時のことだ。どんな話の流れだったかは覚えていないが、國分さんが「入門書とか言ったりするけど、そんな本じゃ門の中に入れっこないいんだから「門前書」って呼ぶべきですよ！」と叫んでいた（本当に叫んでいた）。「うーん、まさに國分くんだぁ」と言いたくなるエピソードだが、今となっては、なかなか示唆的な話に感じる。

ここのところ、人文書の界隈では、よくこんな話を聞く。愚痴とも嘆きともとれる著者の言葉だ。いわく、「最近は、どの出版社の人と話しても、分かりやすく書いてください、と言われて、うんざりする」。つまり、どんな内容であれ、入門書のように多くの人に読めるものを、という要望である。これは、著者の側からすれば、門の中に入ってどんどん奥まで進んでいきたいのに、実際には門の中に入りもしないものを強要されているように感じるということだろうし、出版社の側からすれば、少数の人しか読みこなせない本は売れないので、少しでも売れるものを書いてほしいということだろう。

私自身は、人文書を「作る」側でも「書く」側でもあるので、両方の気持ちが分かる。と同時に、この話は両方の側に、すでに過ぎ去った時代にしか成り立たないことを今でも維持したい、という欲望が見え隠れしているとも思うのだ。

確かに、本は売れなくなった。「人文書」と呼ばれるものは特にそうだ。他のジャンルで売れている本がある。見てみると、誰でも読めるように分かりやすく書かれている。だから、人文書も同じように書いてくれれば売れるに違いない。今の状態が続けば、このジャンル自体がなくなってしまうかもしれないのに、なぜ著者ってやつは分かってくれないんだ！　……と、編集者の内心を代弁してみた。実際、ネット書店のレビューでは、「分かりにくい」とか「難しくて不親切」といった意見をあちこちで目にする。

しかし、著者の側に立てば、こうなるだろう。どうしてそんなレベルの低い読者に迎合しなければならないのか。難しい問題について書かれたものが分かりやすくないのは当たり前で、理解できないのは自分が悪いと思うべきだ！　……これでは永遠にすれ違ったままなのは目に見えている。

何度も話題になっている「税の思想」特集がメルクマールとしてもつ意味は、ここに関わってくる。改めて確認しておくと、これは『現代思想』の二〇〇二年一二月号だった。前年にはアメリカで同時多発テロがあり、翌二〇〇三年にはイラク戦争が始まる。日本は小泉純一郎政権の二年目に入っていて、「聖域なき構造改革」と称する規制緩和が進められていた。まさに国民国家体制の「安定」が世界レベルで崩壊の兆《きざ》しを見せ、規制緩和という名の下に「全体主義的縮減」が開始された、そんな時期にあたっている。

どうやら、今までどおりにはいかなくなるようだ。その感覚は出版界でも例外でなかったことは前に書いたとおりで、この年には右肩下がりも五年目に突入していた。そんな時期に出現した「税の思想」特集が、國分さんの言う「国家のために、国家に代わって、その政策を論じる」という課題を人文書の世界に突きつけるものだったことは間違いない。しかし、あれから一五年以上が経った今、はたしてその課題は応えられたのかといえば、残念ながら答えは否定的にならざるをえない。そして、その理由が「分かりやすさ」に関わっているのだ。

「全体主義的縮減」とは「雇用の保護」や「社会保障の整備」が削減されることである。それは税を徴収する主体である国家が、冷戦の終焉以降、例外なくたどってきた道だと言ってよい。國分さんが文庫版の解説を寄せている『カネと暴力の系譜学』で、萱野稔人は税の徴収を可能にするのは端的に暴力だ、と書いている。ホッブズが『リヴァイアサン』（一六五一年）で説いた「社会契約」という「物語（幻想）」によって、国家は圧倒的な暴力を独占する。それは社会契約を破った者——典型的には法に違反した者を「犯罪者」として合法的に拘束することを保証するとともに、税を徴収することを可能

萱野稔人
『カネと暴力の系譜学』
河出書房新社（河出文庫）
2017年5月

にする暴力でもあるのだ、と。

　私はここで、萱野も参照している、ミシェル・フーコーの『監獄の誕生』（一九七五年）を思い出す。国家による暴力の行使にほかならない「刑罰」を取り上げ、権力のありようがいかに変遷してきたのかを跡づける本、と言えばいいだろうか。大学生の私が最初に手にした時には、むろんそんなことは理解できなかった。それよりも何よりも、フーコーが紹介する尋常でない刑罰に目を見張り、ベンサムが構想した「パノプティコン」という監視装置に身を震わせた。多くのかたがご存じと思うが、これは監視員からは囚人が見えるが、囚人からは監視員が見えない監獄の仕組みである。

　この装置に象徴されるように、暴力を独占して税を徴収する主体である国家は、それと表裏をなす形で、税を徴収される側である国民を作り出す。その装置は、監獄ばかりではない。学校はもちろんそうだし、教育制度を軸にして家庭や会社もその装置を補完する。そうして、フーコーの言う「規律訓練」による国民が再生産されていく。それは確かに国家に従順な主体に見えるし（前に“histoire”の話をしたが、「主体」を意味するフランス語の名詞“sujet”は形容詞では「服従した」を意味する、という話も何度も聞かされたものだ）、そのような主体を批判するのが思想の役割だと長らくイメージされていた。

「現代思想キッズ」だった私も当たり前に通過儀礼を受けた、浅田彰の『構

ミシェル・フーコー
『監獄の誕生
——監視と処罰』
田村俶訳
新潮社
1977年9月

ホッブズ
『リヴァイアサン』
全4冊
水田洋訳
岩波書店（岩波文庫）
1982年5月〜1992年8月

造と力』や『逃走論』にしても、そのような従順な主体であることから逃れて変化せよ、というメッセージを放っていたし、それは一九九〇年代に学生だった私にもカッコよく見えた。そして、記憶だけで書いて申し訳ないのだが、逃走せよ、生成変化せよ、と言われる時には、ほとんど必ずと言っていいほど、「軽やかに」という言葉がセットになっていた。

この「軽やかに」を可能にしていたのは「安定」だった。『構造と力』は一九八三年、『逃走論』は一九八四年――まさにバブル経済が始まる直前の本だ。さらに言えば、私が人文書を手にするようになった一九九〇年代前半にも、その「安定」に対する疑いは、まだなかった。それから四半世紀以上を経て、改めて振り返ってみると、そこにあったのは国家や社会の「安定」だけではなかったことに気づかされる。当たり前といえば、まったく当たり前のことだが、それと表裏をなす国民や市民に対しても「安定」を期待できた時代だった、ということでもあるはずなのだ。

「税の思想」特集が出た頃を境にして進行してきた「全体主義的縮減」は、「安定」を失った国家が国民を保護する機能を削減した。その裏側で、保護を喪失していった国民の側からも「安定」を奪ったのではないか。つまり、保護を失った中で、それでも相互の「自由」を担保しうる、そういう主体のあり方を追求することのないまま、「不安（定）」の中でも、というより「不

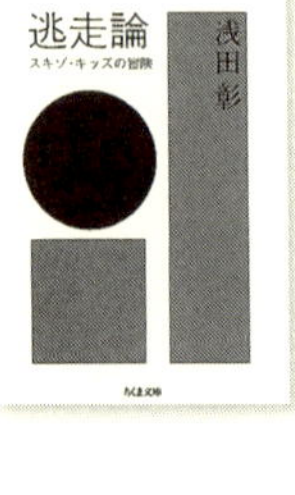

浅田　彰
『逃走論
――スキゾ・キッズの冒険』
筑摩書房（ちくま文庫）
1986 年 12 月

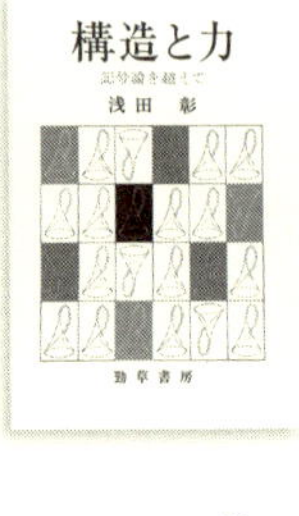

浅田　彰
『構造と力
――記号論を超えて』
勁草書房
1983 年 9 月

安（定）」の中だからこそ、以前と同じように「安定」を受け取りたい、という欲望をもつことに違和感を抱かなくなってしまったのではないか。

もしもこの疑問が的を射ているのなら、先ほど書いた「分かりやすさ」をめぐる話もまた、もはや「安定」を前提にできなくなったことを認めたくない、という態度がもたらした不幸なすれ違いを示しているように思える。もっと思いきって言ってしまえば、相手に期待などしていないのに相手に期待どおりを求める、ということだ。「対案主義」というのは、まさしくそういうものだろう。

……ずいぶん偉そうなことを書いた。その自覚はあるが、嘘をついて耳触りのよいことを言っていられる余裕は、たぶんもうこの国にはない。「不安（定）」の中でも相互の「自由」を担保しうる主体のあり方を模索すること。そのための思想を生み出すこと。それなくして、これから先の時代に可能な「公理上の闘争」はありえない、と私は信じている。國分さんが言おうとしているのはそういうことだと思うし、これにはきっと國分さんも同意してくれるだろう。

今回はあまり本を挙げられなかった。それに、結局、國分さんのトーンに引っ張られて、思わぬ展開になってしまった気がしてならない。不覚だ。

次は、もっと楽しい話ができると、うれしい。

弱い言葉

［國分］

互さんが書いた「分かりやすさ」の問題について考えながら思い出した著者たちがいる。豊崎光一と宮川淳である。

私はフランス哲学を専門の一つとしているけれども、美術批評にもフランス文学にも非常に疎《うと》いので、彼らの仕事のほんの一部についてしか語ることはできない。それは彼らがデリダやフーコー、ドゥルーズについて書いた本のことなのだが、これらの本は大学生の私がフランス現代思想を学んでいく上でとても大切なものだった。

それらはいずれも小沢書店から出版されていて、「叢書エパーヴ」というコレクションに収められている。とても美しい本だ。

まず豊崎光一『余白とその余白　または幹のない接木』。日本語で書かれた本だというのに、目次の後にはフランス語でタイトルが、そしてフーコーからのエクゼルグが記されている。

フォントもとても美しい。

「デリダのテクストは、いつ、どこから始まるのか？」という一言で始まる

豊崎光一
『余白とその余白
または幹のない接木』
小沢書店（叢書エパーヴ）
1974年9月

EN MARGE DE MARGE(S)
ou
Greffe sans sujet
Re(-)marques sur Derrida

La marque de l'écrivain n'est plus que
la singularité de son absence.

Michel Foucault

第一部は、デリダのテクスト群にはそれらすべてを斜めに貫く「語」ないし「名(詞)」ないし「概念」の連鎖があること、しかもそれらが転位し続けることを指摘している。たとえば彼のテクストには「原エクリチュール」、「原痕跡」、「留保」、「裂け目」、「分節」、「代補」、「差延」、「文字」などといった辞項が次々と現れる。ところが、それらは常に横滑りをし続け、どれか一つを特権的なものとして扱うことができない。豊崎はその中から「代補」を、さしあたっての結節点として取り出し、これらの辞項を解説していく。

後に東浩紀は『存在論的、郵便的』の中で、デリダの概念はいずれもがすぐに言い換えられてしまうので特権的な一つを取り出すことができないけれども、郵便の比喩はこれらを縫い付ける役目を果たすものとして読めるという読解方法を提示した。この方法の原形はここにあるわけである。

第二部はプラトンの『ピレボス』とマラルメの「ミミック」というテクス

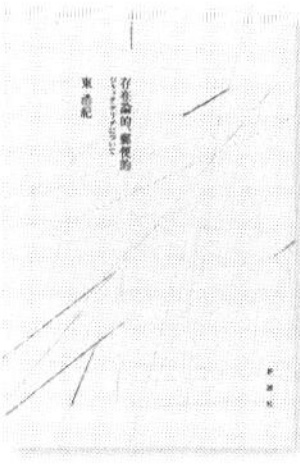

東　浩紀
『存在論的、郵便的
——ジャック・デリダについて』
新潮社
1998年10月

トを合わせて論じたデリダの「二重の回（double séance）」（『散種』所収）が論じられる。途中で『散種』のフランス語原書の大変印象的な構成の頁（『ピレボス』からの引用が改行なしで紙面を覆い尽くすとともに、右下には縦長の長方形のスペースがあけられていてそこに「ミミック」が引用されている）が、トレーシングペーパーに印刷されて挿入されている。同じ趣向は末尾でも繰り返されていて、デリダの『哲学の余白』に収録されている「タンパン」の原書の二頁分（これも印象的な構成になっており、左側三分の二と右側三分の一とで別のテクストが同時並行で進む）と、アムステルダムの街の地図が、同じくトレーシングペーパーに印刷されて挿入されている。

この本では、当時はまだ邦訳されていなかったデリダのテクストの数々が豊崎の手によって翻訳、引用されている。一九七四年当時は勿論のこと、私が大学生の時も翻訳の事情はほとんど変わらなかった。だから、こうしたたくさんの断片を読める機会というのは貴重だった。豊崎は自分で断片を翻訳、引用するためにこの本を書いたのではないかと思われるほどたくさんの引用がある。

同じく豊崎光一の『砂の顔』は、タイトルから分かるようにフーコー論である。今ではフーコーと言えば権力の人と思われているかもしれない。それは間違いではない。しかし、その権力論の根底には「言表（énoncé）」を巡

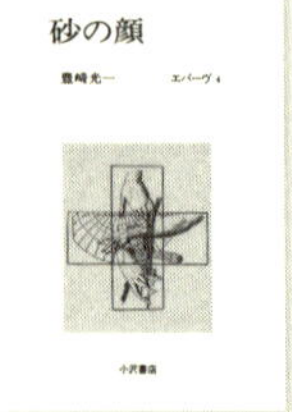

豊崎光一
『砂の顔』
小沢書店（叢書エパーヴ）
1975年11月

る厳密な理論があった。言表の理論が今ほとんど論じられなくなってしまったことはとても悲しいし、現在の一般的フーコー理解が何か問題を抱えているのではないかという疑問を持たずにはいられない。豊崎は言表を繊細に、精密に描き出している。このような水準の本をいま期待できるだろうか。

　宮川淳のことは豊崎光一についてよりもよく知らないのだが、『紙片と眼差とのあいだに』は好きで何度も読んでいた覚えがある。一応一続きの文章なのだが、段落の間にはスペースが置かれていて、まるで一つの段落が一つの断章であるかのように頁が構成されている。しかも、それらは実際に断章のように読める。つまりどこからでも読める。

　宮川淳「の」本の中でも実に特異であるのが、『どこにもない都市　どこにもない書物』である。この本は誰が書いた本なのかよく分からない。というのも、同書の説明を引用すると、「この本は、清水徹のさまざまな文章を素材として、宮川淳がその切り貼りを行なうというかたちでつくられた」からである。表紙の著者名のところには「清水徹＝宮川淳」とあり、宮川の名前が少しだけ小さいフォントで印字されている。このような実験（？）が自由に行われていた時代だったのだろう。

　私はこれら叢書エパーヴの本をいつも、あまりにもきれいな本、そして、なんとかよわい本であろうかと思いながら読んでいた。頁を強く開くことも

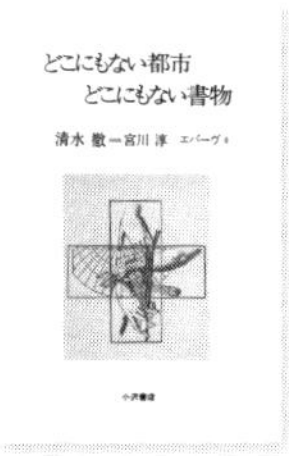

清水徹＝宮川淳
『どこにもない都市
　どこにもない書物』
小沢書店（叢書エパーヴ）
1977 年 6 月

宮川　淳
『紙片と眼差とのあいだに』
小沢書店（叢書エパーヴ）
1974 年 3 月

ためられていた。そして、読書時に抱いたそうした気持ちの何よりの証拠が、これらの本のどこにも一本の線も引かれていないという事実である。私は本を読むとき、これでもか、これでもか、というほど線を引くのだが、これらの本にはどうしても線を引く気になれなかった。あまりにも美しくかよわい本であるからだ。線を引くのはまるでこれらの本を犯すことであるかのように感じられた。

本が美しくかよわいだけではない。私は彼らの言葉そのものにも同じことを感じていた。繊細で精密な彼らの言葉はとても弱く感じられた。「分かりやすい言葉」は、無神経で、ふてぶてしく、がさつで、暴力的で、単純化を迫る。そんな言葉と共通するものはここには何ひとつない。誰が聞いても違いが分からない、もはや本人にしか分からない、そんなほんのわずかなタッチの差にこだわり続けるピアニストが紡《つむ》ぎ出す音のような言葉が、豊崎や宮川の言葉である。

こういう言葉から私たちは本当に遠く離れてしまった気がする。弱い言葉は理解されるのに時間がかかる。いや、言葉というのはそもそもそういうものではないだろうか。言葉が届くにはとても時間がかかる。それに一度届いても、その後、何度も何度も回帰してくるのが、言葉と呼ぶに値する言葉だ。

言葉をそう捉える時、韻文と散文の違いという難しい問題に入り込まなければならなくなる。いまはその問題には入れないし、私にはそれを論じる準備はない。ただ、豊崎や宮川を読んでいると、彼らは韻文と散文の間で書き続けていたのではないかという気がしてならない。

古代ギリシアで散文が書き始められるのはやっと紀元前五世紀になってからのことだという。言葉はそもそも韻文だったと言ってもいいのかもしれない。すると韻文と散文の間で書くというのは別に特別なことではなくて、言葉を綴るという経験そのものに内在しているのかもしれない。

ドゥルーズは『差異と反復』の中で暗唱について面白いことを言っている。「だからわたしたちは、個別的なものに関する一般性であるかぎりでの一般性と、特異《サンギュリエ》なものに関する普遍性としての反復とを対立したものとみなすのである。わたしたちは、一個の芸術作品を概念なき特異性《サンギュラリテ》として反復するのであって、一つの詩が暗唱され〔心で覚えられ〕なければならないということは、偶然ではないのだ。頭脳は交換の器官であるが、心は、反復を愛する器官である」。

「暗唱する」は、英語の“learn by heart”に相当するフランス語表現、“apprendre par cœur”である。リテラルに訳せば「心で覚える」となる。まさしく暗唱するとは心で覚えることだ。だからこそ心は反復を愛する器官だ

ジル・ドゥルーズ
『差異と反復』
財津理訳
河出書房新社
1992年11月

と言うことができる。このような心と関わっている言葉であったからこそ、私は二〇年前に読んだ彼らの言葉を鮮明に覚えているのだろう。

こんなことを考え、久しぶりに取り出した豊崎光一と宮川淳の本を読んでいたら、机の上にあるドゥルーズとハイデッガーとデリダの本が、数時間前とは全く違うものに見えてきた。これらの本も同じく繊細で精密な言葉で書かれているのである。

余白を消去してはならない ［五］

豊崎光一と宮川淳、そして小沢書店とは、久しぶりに聞く名前だ。それだけ遠い存在になったということだし、初めて耳にしたという若いかたもきっといるだろう。

確かに、一九九〇年代前半にも、ポストモダン思想、とりわけジャック・デリダの思想に触れようとする若者にとって、豊崎は頼もしい水先案内人の役割を果たしてくれていた。さっき本棚を探ってみたら、國分さんが挙げていた『余白とその余白　または幹のない接木』と『砂の顔』も、しっかり所持している（ちょっと自慢だ）。

私にとって、豊崎光一という名前は何よりもまず翻訳者として目に入ってきた。中でも記憶に鮮明なのは、ミシェル・フーコーの『外の思考』と『これはパイプではない』、ジル・ドゥルーズ＋フェリックス・ガタリの『リゾーム』である。そして、この三冊を挙げるとき、私にとっては大先達にあたる出版人を思い出さないわけにはいかない。――編集者の中野幹隆である。

本書で何度も話題になってきた雑誌『現代思想』が一九七三年に創刊され

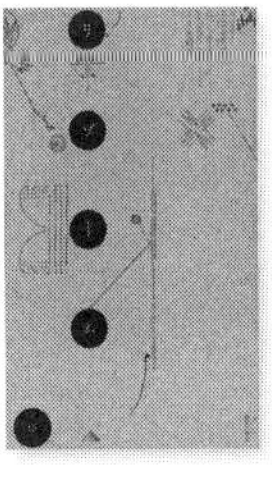

G・ドゥルーズ＋F・ガタリ
『リゾーム
――…序』
豊崎光一訳・編
朝日出版社
1987年6月

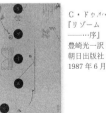

た際に編集長を務めた中野は、二年後の一九七五年には青土社から朝日出版社に移る。同年、雑誌『エピステーメー』を創刊して、やはり編集長になった。この雑誌の臨時増刊として一九七七年に登場したのが『千のプラトー』の「序」にあたる『リゾーム』であり（一九八七年に単行本として再刊）、これは一七年後の一九九四年に全訳が刊行されるまで、日本語で読める唯一の『千のプラトー』のテクストであり続けた。

その一方で、中野は雑誌と連動させるべく、一九七六年には「エピステーメー叢書」を立ち上げている。その一冊として一九七八年に刊行されたのが『外の思考』にほかならない。ついでに言うと、同じ叢書では、ドゥルーズの本格的な単著としては最初の著作『ヒュームあるいは人間的自然』が一九八〇年に出ていて、これはちょうど二〇年後の二〇〇〇年に『経験論と主体性』と改題されて河出書房新社から再刊されている。

年表風の記述をもう少し続けることを、お許しいただきたい。四年後の一九八四年、中野は新たに「ポストモダン叢書」を創刊した。最初の書目はジャック・ラカン『二人であることの病い』であり、これは今では講談社学術文庫（二〇一一年）で入手できる。以下、この叢書の中で私の印象に残っているものを刊行順に挙げるが、文庫の形態で再刊されたものは、その情報も併記してみよう。

G・ドゥルーズ
『ヒュームあるいは人間的自然
——経験論と主体性』
木田元・財津理訳
朝日出版社（エピステーメー叢書）
1980年5月

ミシェル・フーコー
『外の思考
——ブランショ・
バタイユ・クロソウスキー』
豊崎光一訳
朝日出版社（エピステーメー叢書）
1978年4月

・モーリス・ブランショ『明かしえぬ共同体』西谷修訳、一九八四年（↓ちくま学芸文庫、一九九七年）
・ジル・ドゥルーズ『ニーチェ』湯浅博雄訳、一九八五年（↓ちくま学芸文庫、一九九八年）
・ミシェル・セール『ライプニッツのシステム』竹内信夫・芳川泰久・水林章訳、一九八五年
・ジャック・デリダ『カフカ論』三浦信孝訳、一九八六年
・サラ・コフマン『ニーチェとメタファー』宇田川博訳、一九八六年

私が人文書遍歴を始めた一九九〇年代前半、すでにこれらの中には入手困難なものがあった。それだけに、どこで入手したのかを今でも覚えているものが多い。『ニーチェ』は駒場の東大生協書籍部で見つけた。『カフカ論』は八重洲ブックセンター本店の、たしか地下にあった売場に埋もれていたのを発見した時の喜びを思い出すことができる。『ニーチェとメタファー』は神保町の東京堂書店（まだ店内中央にエスカレーターがあった頃だ）の棚に、なぜか横にして置かれていたのを救出するようにして購入した。

さらに中野の経歴を追うと、一九八五年に朝日出版社を退社し、翌年三月には哲学書房を創設する。この自前の出版社から刊行した最初の本、それが『これはパイプではない』だった。

ジル・ドゥルーズ
『ニーチェ』（新装版）
湯浅博雄訳
朝日出版社（ポストモダン叢書）
1987年1月

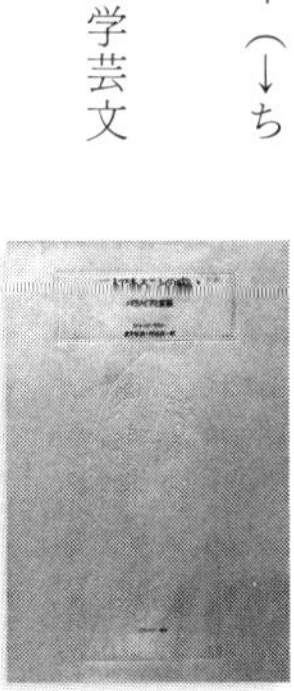

ジャック・ラカン
『二人であることの病い
――パラノイアと言語』
宮本忠雄・関忠盛訳
朝日出版社（ポストモダン叢書）
1984年6月

そんな中野幹隆という編集者にとって中心的な著者だった豊崎光一は、一九八九年に逝去する。まだ五三歳だった。その豊崎が生前中に刊行した最後の単著が、やはり小沢書店から出ている。それは『ファミリー・ロマンス』と題されたもので、私にとってこれが特別な意味をもっていたのは、ソシュールが人知れず研究した問題を扱う「アナグラムと散種」という文章が収録されていたからである。

ここでアナグラムについて詳しく説明することはできない。ごく手短に言えば、古代ギリシア・ローマを中心とした、主に韻文作品の中に、そこで謳われている固有名詞がばらばらになって埋め込まれている――デリダに倣って言えば「散種」されている――ことを見出したと信じたソシュールが、憑かれたように研究に没頭しながら、膨大なノートと草稿だけを残して放棄したものである。今でこそ主要文献であるジャン・スタロバンスキーの『ソシュールのアナグラム』（金澤忠信訳、水声社、二〇〇六年）を邦訳で手にできるが、一九九〇年代前半に日本語で読めたのは、単行本としては、丸山圭三郎のものを除くと、この豊崎の著作とジュリア・クリステヴァの『記号の解体学――セメイオチケ1』くらいだった。

「アナグラムと散種」が収録された『ファミリー・ロマンス』には「テクスト　コンテクスト　プレ（-）テクスト」という副題が付されている。テク

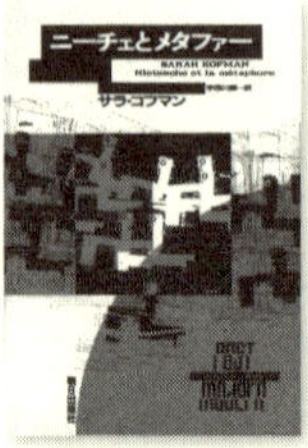

サラ・コフマン
『ニーチェとメタファー』
宇田川博訳
朝日出版社（ポストモダン叢書）
1986年7月

ジャック・デリダ
『カフカ論
――「掟の門前」をめぐって』（新装版）
三浦信孝訳
朝日出版社（ポストモダン叢書）
1988年4月

ストを読むことには、否応なくコンテクストがともなわれる。コンテクストというのは具体的な状況や文脈だけを指すのではなく、先行していたテクストも含まれている。ここで先行というのは、あくまでも権利の上で、あるいは資格の上で「前」ということであり、それを時間的に「前」と理解した途端、先行していたテクスト（プレ‐テクスト（pré-texte））は口実（プレテクスト（prétexte））として、つまり「物語」として利用されることになるだろう。

……こうして書いてみると、何ともポストモダンな言葉遣いだなあ、と感じる。若い頃は、豊崎や蓮實重彦の文章に憧れて、むやみに込み入った文章を書こうとしていたのを（恥ずかしく）思い出すが、今となってはそんなことはどうでもよろしい（これは蓮實ふうの言い方）。重要なのは、表面に現れ出てくる文体では、たぶんない。

　私は記憶に残る「ポストモダン叢書」を列挙した。のみならず、入手した具体的な状況や文脈（コンテクスト）を記し、のちに文庫化されたかどうかを併記した。言うまでもなく、今ではそんなことを気にする人はほとんどいないだろう。私自身もそうだ。欲しい本があれば、すぐAmazonで検索する。新本も古本もまったく同じ資格で購入候補に表示される。電子書籍になっているものもある。苦労して手に入れた『外の思考』も、薄い上製本であることが瀟洒な『これはパイプではない』も、のちに『ミシェル・フーコー

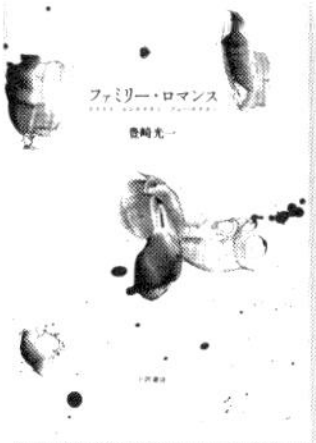

豊崎光一
『ファミリー・ロマンス
――テクスト　コンテクスト
　プレ（‐）テクスト』
小沢書店
1988年5月

ミシェル・フーコー
『これはパイプではない』
豊崎光一・清水正訳
哲学書房
1986年4月

思考集成』（全一〇巻、筑摩書房、一九九八—二〇〇二年）に収録され（後者は岩佐鉄男による新訳）、さらには『フーコー・コレクション』（全七巻、ちくま学芸文庫、二〇〇六年）が出て、文庫で読めるようになった。

もちろん、これが歓迎すべき状況であることに異論はない。そのことを認めつつ、しかし、入手困難な本を探し求めて書店行脚をすることも、読んでみたい本に邦訳が存在しているのかどうかを苦労して調べることもなくなったとき、そこで失われたのはコンテクストであり、プレ‐テクストではないか、という思いを拭《ぬぐ》えないことも、また事実なのだ。

それは豊崎の本のタイトルで言えば、「余白」が消滅した、ということだろう。國分さんも触れていたように、この本で紙面が再現されているデリダの「タンパン」が収録された単行本は『哲学の余白』という題名だった。今では全訳を簡単に入手できるようになっていて（全二巻、高橋允昭・藤本一勇訳、法政大学出版局（叢書・ウニベルシタス）、二〇〇七—〇八年）、同書に所収の「差延」は「ラ・ディフェランス」という邦題で『理想』一九八四年一一月号に、「署名　出来事　コンテクスト」は『現代思想』一九八八年五月の臨時増刊号に収録されていることを知り、図書館にある合本を難儀しながら押し開いてコピーする、という経験をする人も、もういないだろう（いずれも高橋允昭訳。豊崎と並んでデリダを日本に導入した立役者であるこの人の名前

ジュリア・クリステヴァ
『記号の解体学
——セメイオチケ 1』
原田邦夫訳
せりか書房
1983 年 10 月

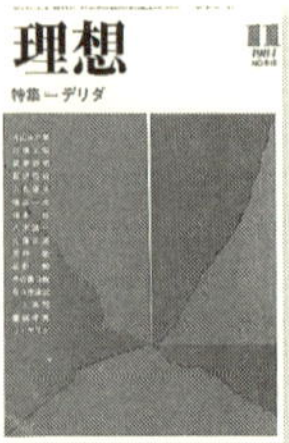

『理想』
「特集　デリダ」
理想社
1984 年 11 月

も、目にしなくなった。『声と現象』も今なら林好雄訳（ちくま学芸文庫、二〇〇五年）を手にするだろうが、私の世代にとっては高橋訳だ）。そして、これらの論文でデリダが説いていたのは、言語というのは必ずそれ自身に遅れをとるということ、その間隙に生じる差異によってこそ言語は言語として機能しうるということだった。つまり、豊崎が書名に採用した「余白とその余白」あるいは「幹のない接木」は、言語そのものを指しているのだ。

　だが、余白は消去されるのが当たり前になった。それは確かに利便性や効率をもたらしたが、利便性や効率とは突きつめれば「損／得」という基準に支配された価値だ。そこでは「損」が嫌われ、「得」が好まれる。だから、余白を消去すること、すなわち「分かりやすさ」は「強さ」になる。「分かりやすさ」は余白を「弱さ」として恐れるが、それは同時に、決して完全には消去しえない「弱さ」への畏れをも失うことだ。

　弱い出版社である小沢書店は、二〇〇〇年に倒産して消滅した。弱い編集者である中野幹隆は、二〇〇七年に亡くなって、もういない。だが、そこにあった「弱さ」に今そのまま戻ることはできないし、戻るべきでもないだろう。今、必要なのは「強さ」の反対ではない「弱さ」を表現する言葉に違いない。私はそう考えている。

ジャック・デリダ
『声と現象
――フッサール現象学における
記号の問題への序論』
高橋允昭訳
理想社
1970年12月

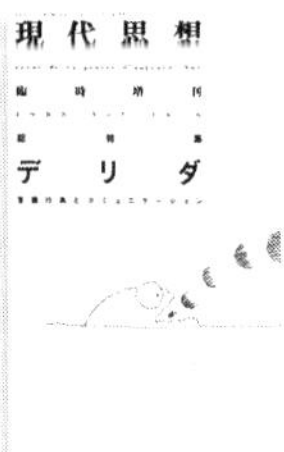

『現代思想』
「臨時増刊　総特集デリダ」
青土社
1988年5月

いつもそばにあったけれども読んでいなかった　［國分］

余白を消去してはならない——これを受けて、自分の読書の余白だったものについて書いてみたい。私のそばには確かにいつも本があったけれども、読んでいなかったものもたくさんある。ここで取り上げたいのは、買ったわけではないけれども、いつもその本というか著者が自分のそばにいて、それなのにその著者を読もうとしなかった事例である。

その著者とはフロイトである。フロイトは精神分析の創設者として知られている。精神分析は二〇世紀の哲学に強い影響力を持った。精神分析の知識なくしては二〇世紀の哲学は理解できないと言ってもいい。すると二〇世紀の哲学に関心をもっていた私は当然フロイトを読まねばならなかったはずなのだが、私は長い間、フロイトを読むことができなかった。全く読まなかったというわけではないのだが、どうも気が進まなかった。

フロイトは一八八六年にウィーンでクリニックを開業し、そこで夥《おびただ》しい数のヒステリー患者と出会い、そこから精神分析の理論を少しずつ作り上げていった。ならば精神分析とは治療のための理論であろう。それを医者でもない私が読むとはどういうことなのか。フロイトの著作には何人も有名な患者が現れる。アンナ・O、ドーラ、ハンス、狼男、鼠男。彼らの苦しい人生を医者でもなく、医者を志しているわけでもない私が興味本位で読むのは倫理的に問題がないのか。本当にそういうことを考えていてなかなか気が進まなかったのである。

　転機が訪れたのは、フランスに留学してデリダの授業を受けたことだった。デリダはフロイトを縦横無尽に駆使して議論を組み立てていた。そしてそれを聞いていても私には少しも違和感はなかった。自分のフロイトに対する理解、精神分析に対する理解はどこか間違っていたのではないかと思った。そもそも、当時の私は精神分析と精神医学の区別もついていなかったのである（精神医学はクレペリンによって、ちょうどフロイトによる精神分析の創設と同じ時期に確立されたものであり、精神分析とは互いに影響を与えあいつつも独立して発展してきたという経緯を持つ）。最近読んだ本だと、『「うつ」の舞台』に収録された藤山直樹さんの「精神分析からみた鬱病臨床」がこのあたりを明確に書いていて勉強になった（この論文、「うつ病」と書くのはおかしいのではないか、「鬱病」と書くべきだと強く主張していておもしろかった）。

　私はインターネット経由で『フロイト著作集』（人文書院）を古書店に注文し、それを読みあさった。なんというか、すこし人生が変わったというぐ

内海健・神庭重信編
『「うつ」の舞台』
弘文堂
2018年7月

らいの経験だったと思う。「無意識」という概念にはそれぐらいのインパクトがあるのだ。そして何よりフロイトが概念を導き出すまでの過程が実にスリリングなのである。

精神分析というのは結局のところは実際に分析を受けてみないと何も分からないものだろう。それは私が個人的に知る分析家の方々が皆、口を揃えて言うことである。私は分析を受けたことがないので、それについては何も言えない。ただ、それでも一つだけ言えるのは、フロイトの著作を読むだけでもそうとう人生は変わるということである。

この人文書院版の著作集は主にドイツ文学系の学者によって翻訳されている。この翻訳にはいろいろ問題があると言われていた。後に岩波書店から全集が刊行されることになる（実は互さんは岩波書店時代、この全集を担当されていた）。翻訳の問題点は私もいろいろ知ってはいる（論文を書く際には一応、ドイツ語原文をチェックしているから）。この人文書院版には、だとしても思い入れがある。不正確なところはあるのかもしれないが、日本語がいい。もちろん、今では引用などに際しては岩波書店版を使っているけれども、人文書院版の日本語にはどこか暖かみがある。人文書院版ならば今は古書店で全巻セットが格安で手に入るだろうから、若い学生さんはまずはそちらを購入して読んでもよいだろうと思う。

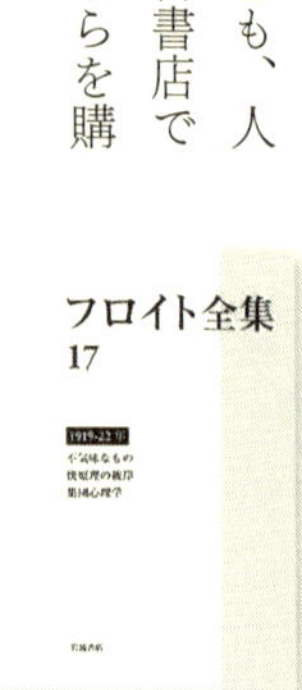

『フロイト全集』第17巻
「1919–22年
不気味なもの、快原理の彼岸、集団心理学」
須藤訓任・藤野寛訳
岩波書店
2006年11月
＊第1回配本

少し話を脱線すると、そもそも、「あの翻訳はここが間違っている、あそこがおかしい」という話は私の業界ではよく耳にすることなのだが、だからといって、新しく出た翻訳が必ずしもよいわけではないのである。何よりも大切なのは日本語だ。日本語に翻訳しているのだから、日本語がよいかどうかがまず最初の基準なのである。「訳語」が統一されている云々というのはもちろん大切だろうが、私は「訳語、訳語」と言う人があまり信用できない。文章は単語で出来ているわけではないのである。単語を組み合わせれば文章ができるというのなら、なんと簡単なことだろうか。しかしそういう発想で作られた「訳文」が実に多い。

フランス語で書かれた文章をフランス語の読み手が読んだ時と同じ感覚を、日本語の読み手が日本語に翻訳された文章の中に得られること――たとえばフランス語の文章を翻訳する時、私はいつもそれを心がけてきた。「そんなことは不可能だ云々」という話は知っている。不可能だがそれを目指さねばならない。そういう前提がどうも崩れてきている気がする。

話を戻すと、私が熱心にフロイトを読むきっかけの一つはデリダだったわけだが、実はフロイトを読み進めるにあたって参考になったのもデリダだった。デリダは小難しいから、デリダを読むと余計に訳が分からなくなると思う人がいるかもしれないが、全くの誤解である。デリダは難しい話を分かりやすくしようとする哲学者である。誰もが「もうこの問題は解決済みだ」とか「このテクストはこういう意味だ」と決めてかかっているところに潜んでいる難しい問題を見つけ出してくるから、デリダはいつも小難しい哲学者だと思われてしまうだけである。

デリダの『絵葉書（*La carte postale*）』という本に入っているフロイト論「思弁する――《フロイト》について（Spéculer: sur « Freud »）」という論文は、『快感原則の彼岸』――ここは人文書院版の古い翻訳でタイトルを引用してみよう！――を細かく読んでいくものだが、実に明晰である。

快感原則を巡る事情は実は分かりにくい。快感原則の実現を延期する形で現実原則が現れるというところまではよいのだが、快感原則がその支配を打ち立てる前にも快感原則に向かう傾向が心の中にはあると言われるからである。デリダは快感原則をPP、現実原則をPRと大文字で記すとともに、前者が打ち立てられる前の、それへと向かう心の中の傾向をppと小文字で記し、ppを分母、PP＋PRを分子とする分数型の式を提示することでこれをきれいに整理している（PP＋PR／pp）。こういう整理と定式があると、頭が実にすっきりしてフロイトを読み進められる。『絵葉書』は四つの文章からなる大部の本だが、単行本としてはまだ最初の「送付」のところしか翻訳されていないようだ。ぜひ続きもお願いしたい。

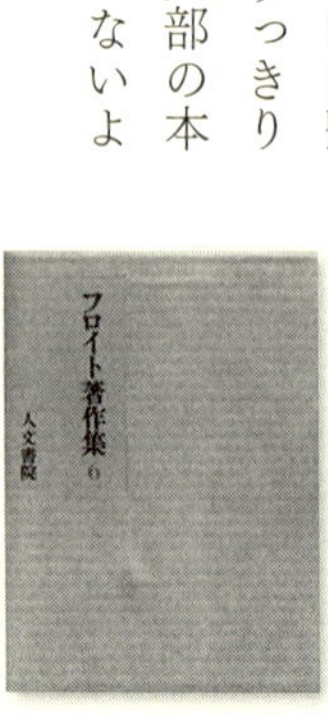

『フロイト著作集』第６巻
「自我論　不安本能論」
人文書院
1970年３月
＊「快感原則の彼岸」
（小此木啓吾訳）所収

Jacques Derrida
La carte postale:
de Socrate à Freud et au-delà
Flammarion
1980

私が精神分析を本格的に論じなければならなくなったのは、ドゥルーズ論に取り組み始めてからである。ドゥルーズは『差異と反復』の中で実に独特なフロイト理解を示している（なのに、それが独特であることを少しも説明していない。『マゾッホとサド』はドゥルーズの精神分析論でもあるが、こちらは割とオーソドクスな解釈である）。しかもそれにラカンも絡んでくるのだから、実に厄介であった。私は標準的なフロイト読解、ラカン読解を示した上で、ドゥルーズの解釈のそれとの偏差を説明し、そこから自分の読解を始めなければならなかったわけだが、この標準的な読解を示すのに実に難儀した。

その際、もちろんいくつもの解説書を読むことで、これならば標準的と言えるであろうという読解を確定していったわけだが、その際、特にラカンを解説する上でとても役に立った本があった。それが藤田博史の『精神病の構造』である。この領域は進歩が早いので、今となっては古い著作と言われてしまうのかもしれないが、藤田の議論にはある種の潔さがあり、それが読んでいて心地よかったし、私の理解を大いに手助けしてくれた。

たとえば藤田は「象徴的去勢によって生まれたΦという真理は、人間を人間たらしめている究極的な条件であり、この真理こそフロイトが分析の経験のなかから明らかにした「歴史的真理 die historische Wahrheit」にほかならない」などと平気で書いてしまうのである。

ジル・ドゥルーズ
『マゾッホとサド』
蓮實重彦訳
晶文社（晶文社クラシックス）
1998年10月

ジャック・デリダ
『絵葉書
――ソクラテスからフロイトへ、
そしてその彼方』I
若森栄樹・大西雅一郎訳
水声社（叢書言語の政治）
2007年7月

もちろん今なら「その「人間」というのは何ですか？」というツッコミが入れられるだろう。しかし、おそらく藤田は「精神分析には、これが人間だというテーゼがあるのだ。それを説明しているのだ」と言うのではなかろうか。別にそれでよいと思う。もちろん、精神分析は特定の人間のイメージを押しつけているという批判は必要だろうが、それに対する言い訳を考えながら説明するより、「これがフロイトだ」と言ってしまう潔さの方が読んでいて心地よい。ともあれ、「歴史的真理」という補足には、もしかしたら言い訳が含まれているのかもしれないが。

藤田の本もほとんど書店で見かけない（見落としているだけだったらすみません）。文庫化してもよいと思う。

藤田博史
『精神病の構造
――シニフィアンの精神病理学』
青土社
1990年5月

人文書は何に抗うのか？　〔互〕

いきなりこんな話で恐縮だが、この本は私のほうが損な役まわりになっている気がしてならない。國分さんがふってきた話題を受けて、私が脈絡をつけつつ展開する。それで國分さんのほうは安心して（？）別の話題に突入していく……考えてみると、國分さんとはずっとこんな関係なのかもしれないとも思う。今回もがんばって國分さんの話から観念連合を広げつつ、これまでの話題とつなげてみよう。

私の場合、國分さんとは逆で、人文書を手にするようになって早い時期にフロイトに触れた。最初は、新潮文庫の『精神分析入門』だった。精神科医の下坂幸三とドイツ文学者の高橋義孝による共訳で、初版は一九七七年である（当時は知らなかったが、高橋は一九七一年に刊行された人文書院の『フロイト著作集』第一巻で、やはり精神科医の懸田《かけた》克躬《かつみ》との共訳で同じ作品を訳していた）。きっかけは、私がソシュールと出会った本のタイトルが『言葉と無意識』だったことから想像していただけるとおり、やはり丸山圭三郎だった。

最初に読んで、とにかく面白かった。随所で紹介される夢や症例の話はも

フロイト
『精神分析入門』
全2冊
高橋義孝・下坂幸三訳
新潮社（新潮文庫）
1977年1月

ちろん、それを分析していく話の展開に、目から鱗が落ちるような思いがした。だが、今にして思えば、私が夢中になった面白さの大半は高橋義孝の見事な手腕によっていたように思う。あとから気づいたのだが、高校生の頃に読んだカフカの『変身』も、トーマス・マンの『トニオ・クレーゲル　ヴェニスに死す』も、高橋の訳によるものだった。調べてみると、これらの文庫は今もすべて新刊書店で入手可能である。何十年も現役であり続けている訳書を何冊も手がけた名手の訳したフロイトが面白くないわけがなかった。

　國分さんの言うとおり、翻訳というのは「日本語がよいかどうかがまず最初の基準」だと思う。今では奇異に感じる英語読みの『フロイド選集』（日本教文社）が当時はまだ書店に並んでいて、人文書院のものより安かったこともあり、私も二冊ほど購入した。ところが――どの巻とは言わずにおくが――高橋訳ではあんなに面白かったフロイトが面白くないのだ。

　ここで少し脱線すると、國分さんが書いてくれたように、私は『フロイト全集』（全二二巻＋別巻）に関わったことがある。正確に言うと、五年以上に及んだ刊行開始までの準備期間を担当したあと『思想』編集部に異動になったので、実際の刊行には携わっていない。とはいえ、それまでに『キケロー選集』（全一六巻）や『セネカ哲学全集』（全六巻）を担当したり、前に話題になった國分さんの訳による『マルクスと息子たち』を作ったりしていたの

トーマス・マン
『トニオ・クレーゲル
　ヴェニスに死す』
高橋義孝訳
新潮社（新潮文庫）
1967年9月

カフカ
『変身』（改版）
高橋義孝訳
新潮社（新潮文庫）
1985年6月

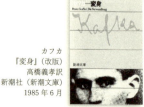

で、翻訳書に特有の難しさはそれなりに理解していたつもりだ。

その難しさの一つとして、國分さんも触れていた「訳語」の問題がある。テクニカル・タームを同じ訳語で統一するのは、メリットもある反面、日本語の自由度を下げる方向に働いてしまうことが多いと感じる。それから現代思想系の本によく見られるのが、「責任＝応答可能性」のように一つの原語のために複数の訳語を合体させたり、「美学《エステティック》」と「感性学《エステティック》」のように異なる訳語が同じ原語であることを示すためにカタカナのルビを多用したりする訳文である。正確さを期そうとする訳者の気持ちは分かるが、書物において「正確さ」は時として大きな代償をともなうということも忘れてはならないと私は思っている。國分さんはもう覚えていないかもしれないが、そんな思いもあって『マルクスと息子たち』では、そういう訳し方は禁止、と伝えた。無理難題を押しつけた報いが損な役まわりになって返ってきているのだとしたら、それもやむなしかと思ったりする。

フロイトの話に戻ろう。精神分析は影響力を失った、と言われることが多い。その理由としてよく指摘されるのは、アメリカ精神医学会が精神疾患を分類する基準を示すべく一九五二年以降、改訂を重ねつつ刊行している『精神疾患の診断・統計マニュアル』（ＤＳＭ）が影響力を強めてきた、という事情である（現在の最新版は、二〇一三年の第五版（ＤＳＭ‐５））。これは、

『セネカ哲学全集』第５巻
「倫理書簡集Ｉ」
高橋宏幸訳
岩波書店
2005 年５月
＊第１回配本

『フロイド選集』第１巻（改訂版）
「精神分析入門 上」
井村恒郎・馬場謙一訳
日本教文社
1969 年６月

その名のとおり精神医学の「マニュアル」化を促進した。そこには確かに効率化や簡便化といったメリットがあっただろう。その是非を判断することは私にはできないが、それとは別に一つだけはっきりしているのは、國分さんが引いていた藤田博史の言う「人間を人間たらしめている究極的な条件」にＤＳＭは関心をもっていない、ということだ。ＤＳＭは「統計」に基づいて「ある特定の状態が、ある特定の期間、見られること」（例えば、食欲の減退または増加の状態が二年以上見られ、その状態が見られない期間が二ヵ月以上続いたことがない、など）を基準に「精神疾患の診断」を行うものだからである。そこで問題になるのは「現れ」だけで、「原因」が問われることはない。

だが、その「原因」をこそ問い続けたのが、フロイトという人だった。

「現れ」だけを問題にして「原因」を問わないということ。——これは精神分析だけにとどまらない傾向だと感じる。例えば、ある特定の言葉を使った人を目にすると、すぐさま「差別表現だ」、「ヘイトスピーチだ」と糾弾する人がいる。そこに対話の余地はなく、是か非か、賛成か反対か、という二者択一しかない。そんな場面を目にする機会が増えていることには多くの人が同意してくれるだろう。そして、今現に私がそう感じているように、このことを指摘すること自体が非難の対象になるだろうと予想できる。そんな世の中になったということなのだろう。

ダニエル・パウル・シュレーバー
『ある神経病者の回想録』
渡辺哲夫訳
講談社（講談社学術文庫）
2015年10月

『DSM-5
精神疾患の診断・統計マニュアル』
髙橋三郎・大野裕監訳
医学書院
2014年6月

考えてみれば、フロイトの著作に登場する患者は、時として反社会的なことや反倫理的なことを考えたり、口にしたりする。実際に会ったこともないまま、その回想録だけを相手にしてフロイトが論考を書いたシュレーバーなどは、その典型である（余談だが、この回想録には二種類の邦訳がある。それらのうち筑摩書房で出ていた渡辺哲夫訳の文庫化を実現できたのは幸いだった）。だが、フロイトは、是か非か、賛成か反対か、という判断をしない。そのような二者択一の手前で、あるいはそのような二者択一の外側で、なぜその患者がそのようなことを考えたり、口にしたりするに至ったのかを執拗に追っていくのだ。その果てで出会うものこそ、「人間を人間たらしめている究極的な条件」とは何か、という問いにほかならなかった。

　精神分析の衰退が、その問いの衰退を意味しているのだとしたら、人間を「現れ」だけで判断することになっても、そしてその判断が、是か非か、賛成か反対か、のためになされることになっても不思議はない。そして、そのことは人文書の衰退をも意味することになるだろう。「人文（humanities）」とは、まさしく藤田の言う「これが人間だというテーゼ」を追求するものだからである。この私の認識が間違っていないなら、前に書いた「分かりやすさ」をめぐる話題も、ここに関わっている。つまり、今、求められているのは「問い」ではなく「答え」なのだ。だが、人文書は「答え」ではなく「問

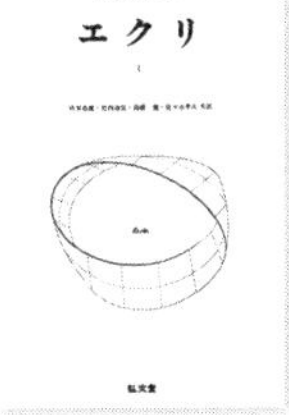

ジャック・ラカン
『エクリ』
全3巻
宮本忠雄・竹内迪也・
高橋徹・佐々木孝次・
三好暁光・早水洋太郎・
海老原英彦・蘆原眷訳
弘文堂
1972年5月～1981年5月

L・シェルトーク＋
R・ド・ソシュール
『精神分析学の誕生
――メスメルからフロイトへ』
長井真理訳
岩波書店
1987年3月

い」のためにある。

　だとすれば、人文書は精神分析の衰退に抗わなければならないだろう。

　ここで再び自分の話をすると、ソシュールと併行してフロイトを読んできた私は、やがてソシュール理論を使ってフロイトを読み直した分析家ジャック・ラカンに出会った。そして、フロイトに分析を受け、のちにパリ精神分析協会の創設者の一人となった分析家レイモン・ド・ソシュールが言語学者ソシュールの息子であることを知った（恥ずかしい告白をすると、レオン・シエルトークとレイモンの共著『精神分析学の誕生』を最初に読んだ時は、そのことを知らなかった）。そのパリ精神分析協会に認定された分析家として活動を始めたラカンは、一九五一年には独自にフロイトを読む講義（セミネール）を立ち上げる。その過程で考案した独自の分析手法が原因で協会を離脱し、フランス精神分析協会を経て、一九六四年にはパリ・フロイト派を結成するに至った。逝去前年の一九八〇年まで継続して行われたセミネールは、ラカンの高弟であり娘婿でもあるジャック＝アラン・ミレールの編集で公刊され始め、その邦訳の一部は岩波書店から刊行されている。

　何度も指摘されてきたように、ラカンの主著『エクリ』（一九六六年）の邦訳は日本語にかなり問題があり、私も煮え湯を飲まされるような思いを何度もしたものだ。それだけに、セミネールの邦訳は貴重だったし、ラカンがテ

ジャック・ラカン
『テレヴィジオン』
藤田博史・片山文保訳
講談社（講談社学術文庫）
2016年12月

ジャック・ラカン
『精神病』
（セミネール第Ⅲ巻）
全2巻
ジャック－アラン・ミレール編
小出浩之・鈴木國文・
川津芳照・笠原嘉訳
岩波書店
1987年3月～9月

レビ番組で視聴者に向けて語った『テレヴィジオン』も思い出深い。自慢話のようなことを言うのはオジサン化の兆候なので本当は控えたいが、精神分析への愛の証として許してもらえるなら、この『テレヴィジオン』も文庫化を実現した。さらに遡ると、自分自身もフロイトの有名な概念であり、ラカンも多くを語っている「エス」に深入りして『エスの系譜』（二〇一〇年）を書いたし（文庫版には國分さんの「解説」が載っている）、『思想』二〇一二年八月号では、今や注目の論者である松本卓也さんの論文「ラカン派の精神病研究」、一流の分析家である十川幸司さんの連載「ジークムント・フロイト論」の第一回、そして國分さんの「ドゥルーズの哲学原理」の第三回を掲載して、多くの人が話題にしてくれたのも今では懐かしい思い出だ。

　選書メチエが創刊二五年を迎え、記念出版の一環として、その松本さんの新著を、そして藤田博史さんによるラカンの最も有名なセミネール『アンコール』の邦訳（片山文保さんとの共訳）を刊行することができ、しかもそのことをこうして國分さんとの共著の中で書くことができているというのは、何とも不思議で、何とも幸せなことだと言うほかない。これは精神分析に寄与しようとがんばってきたご褒美なのだろうか……あきらめずに生きていると、いいこともあるものだ。

『思想』
2012年8月号
岩波書店

互　盛央
『エスの系譜
――沈黙の西洋思想史』
講談社（講談社学術文庫）
2016年10月

実存主義と人文学

［國分］

そんなに互さんに損な役を押しつけていたかなぁとちょっとだけ反省しつつも、しかしいつも通りにいきたい。今回は連想で書くというのが採用された方法なので。

互さんは藤田博史の、ある意味ではドグマティックとも捉えられかねない、しかしある種の潔さをもった、「人間が人間になる」あるいは「これが人間である」というテーゼを受けて、「人文（humanities）」なるものに言及された。これについては最近思うところがあるのでそのことを書いておきたい。取り上げたいのはハンナ・アレントである。

私が大学生だった一九九〇年代半ば、アレントはちょうど人気が出始めたころだった。私がそれを強く意識していたのは、政治学科の学生だったからかもしれない。アレントは政治学において盛んに論じられていた。そして私は、そこで論じられているアレントに強い反発を抱いていた。

マルクスをここまでケチョンケチョンに叩いている彼女を政治学者が積極的に評価することの意味が全然分からなかった。単に彼らも反マルクス主義だったのだろうか。そして何より、アレントの重要概念、「公的空間」がやたらと持ち上げられていることが全く理解できなかった。それはほとんど「お行儀よく振る舞え」という程度のものに思えた。

アレントの言う公的空間はその成立のためにいくつもの条件を必要とする。そのような空間が仮に可能だったとしても、そこから排除される者に目を向けるのが政治学の役割ではないのかと思っていた。それと——これはやや議論の余地があるとは思うが——公的空間の成立にはある種の「徳」のような価値の共有が前提になる。これも当時の私には到底受け入れがたかった。それは単なる伝統的価値観の押しつけになる可能性があるからである。政治とはそのような囲いをはみ出してしまうものであり、そうしてはみ出してしまうものにこそ目を向けるのが政治について考えることだと当時の私は信じていた。

あまりに話題になっているから『人間の条件』の読書会を開いたこともあったのだが、結局、共感はできなかった。そのような私のアレント観はずっと続き、『暇と退屈の倫理学』でのアレント批判にまでつながった。同書で私はアレントのマルクス読解を強く批判した。

だが今は違う。自分が専門的に研究している哲学者だと言いたいぐらいにアレントにのめり込んでいる。日本アーレント研究会にもご招待いただいて

ハンナ・アレント
『人間の条件』
志水速雄訳
筑摩書房（ちくま学芸文庫）
1994 年 10 月

講演をしたこともあるし、新聞の連載では毎回アレントを取り上げている。アレントの保守主義的な側面への警戒心が弱まったわけではない。そのことはいつも強調している。ではなぜかと言えば、少しかっこよく言うと、状況の変化が私にアレントに向かうことを強いたのである。

アレントが強調していた政治制度や価値といったものが、とてつもないスピードで本格的に崩壊していくのを、私はこの五年の間に目にしてきた。それは、ナチスドイツの到来を準備した一九二〇年代のドイツ、本格的な大衆社会が現れ始めた一九五〇年代のアメリカでアレントが見た光景とどこか似ているのではなかろうか。彼女が指摘した現象がいま純粋な仕方で実現されつつあるのではないか。私は本当にそういうことを考えていた。だから『人間の条件』を読み直し、大著『全体主義の起源』を再び書庫から取り出すことになった。勤務校のゼミでも『革命について』を輪読し始めた。

ただ、これはあくまでも状況の話である。アレントに対する見方が変わるためには別のちょっとした出来事が必要であった。今まで知らなかったアレントに出会う必要があった。

アレントを読み直していると、どうも政治学の中で論じられていたアレントとは違う側面が目についた。たとえば『全体主義の起源』のあとがきでアレントは「孤独（solitude）」を論じている。孤独とは私が私自身と一緒にい

ハンナ・アレント
『革命について』
志水速雄訳
筑摩書房（ちくま学芸文庫）
1995年6月

ハナ・アーレント
『全体主義の起源』
全3巻
大久保和郎・
大島通義・大島かおり訳
みすず書房
1972年7月〜1974年12月

ることである。私は私自身と一緒にいることで私自身と対話する。そうした対話こそ、思考することに他ならない。つまり思考には孤独が必要である。だが、自分自身と一緒にいることができない人がいる。その人はだから誰か自分と一緒にいてくれるひとを探し求める。その時、その人が感じているものこそ「寂しさ（loneliness）」に他ならない。寂しいとは自分と一緒にいられないということ、孤独に耐えられないということだ。そして寂しさは人間にとって最も絶望的な経験である。全体主義はこの絶望的な経験を利用したのである……。

ここに現れているアレントは私が昔聞いたアレントとはどこか違っていた。それは「政治学者アレント」というイメージには収まり切らない語り口のアレントだった。

アレントは間違いなく哲学者であると思うが、彼女自身は、自分は哲学者ではなく政治学者であると言い続けた。そこには彼女が下した哲学の伝統に対する否定的評価が関係している。哲学は自らを高尚なものと位置づけたために、政治という「人間の事柄の領域」に関わる物事をさげすんだ。それによって政治は然るべき分析と評価を受けることができなくなってしまったというのがその評価の主な内容である。アレントが言っていることは分かる。それに「政治学者アレント」は確かに存在している。けれども、孤独を語るアレントはどこか違う。

あるいは『革命について』で、心という「暗闇の場所」を語るアレントを取り上げてもよい。心は暗闇を必要とするとアレントは言う。心の中のいかなる動機も自分にとっては不明瞭であり、結局は解明しきれないし、それを無理矢理に公にしようとするならば、人はかならず偽善者になる。行為や言葉の背後に潜む動機は、公の場に持ち出されるならば破壊されてしまう。ロベスピエールがやったのは、革命家たちに心の裡にある動機を公言させることだった。だが、動機の解明を突き詰めれば、彼らは偽善者として現れざるを得ない。どんな動機も公になれば嘘っぽいのである。だから彼らは断頭台に送られることになる（就職活動で志望動機を何度も尋ねられる学生たちは、ロベスピエールの前に連れ出された革命家のようなものだ。自分でも動機など分かるはずがないのに、それを公にすることを強制されているのである）。

このような語り口で人間に迫るアレントの姿をどう表現したらよいだろうか。アレントの著作には、このような語り口でしか実現できないと思わせる人間への接近がある。それをどう表現したらよいだろうか。ヒントになったのは、一緒に『統治新論』を作っていた時に大竹弘二さんがふと口にした一言だった。ヤスパースやハイデッガーのもとで学んだアレントは、最後まで彼らから学んだ実存主義を捨てなかった――大竹さんはさらりと口にした。

大竹弘二・國分功一郎
『統治新論
――民主主義のマネジメント』
太田出版（at プラス叢書）
2015 年 1 月

そう、それだ。アレントにあるのは実存主義である。アレントはこの実存主義によってこそ、人間に迫ることができた。彼女の中で実存主義と政治学が独特の仕方で組み合わさっていて、それが、本人は何と言おうとも、彼女を哲学者たらしめているのだ。

実存主義はこれまでのその歴史上の形態がいかなるものであったにせよ、人間なるものに迫る上で欠かせない思想だと私は思っている。そこに存在してしまっている実存、さまざまな喜びと苦しみを抱えてそこに生きてしまっている実存、それを問うのが実存主義である。心に暗闇を抱えながら、時に、どうしても寂しさを感じずにはいられない人間なるものの実存に迫るアレントは実存主義者であり、それを問う時、彼女は「人文学」をやっているのだと思う。だから私は人間に迫らんとする人文学は常にどこかに実存主義を抱えていると思うし、抱えていなければならないとすら思う。そのように実存主義を眺めるならば、構造主義によって実存主義を蹴散らしたと言われるラカンにですら、どこか実存主義を読み取ることができるように思える。実存主義はその重苦しい雰囲気によって定義されるべきではない。扱うものがどうしても重苦しいが故に、重苦しさを醸《かも》し出しているにすぎない。

実存主義を捨てなかったアレントというイメージを得ることで、私は政治学者アレントにも正面から向き合うことができるようになった。政治学者アレントについての話を耳にしても、その裏、あるいは、その脇にある実存主義的側面を思い起こすことができるので、自分の中でバランスをとることができるようになった。

　そうやって改めて彼女の主著『人間の条件』を読み直した時にも一つヒントになる言葉があった。同書のドイツ語版はアレント自身が手を入れた翻訳なのだが、そのドイツ語版を翻訳した『活動的生』に付された訳者、森一郎先生の一言である。森先生はこの本を、ハイデッガーの『存在と時間』に並ぶ二〇世紀の哲学の古典と記されていた。そうだ、そのように読めばよかったのだ。『人間の条件』は決して政治学や政治思想の領域に留まる本ではない。それは実存主義者であり政治学者であるハンナ・アレントという哲学者が書いた哲学書である。そのことは彼女が書いたどの本についても言えるだろう。

　哲学は人文学には収まらないのではなかろうか。哲学が文学部に存在しなければならない理由もどこにもない。少なくとも私が好きな哲学者はいずれも、政治学のような社会科学的なものの見方と実存主義的な感性を備えている。

ハンナ・アーレント
『活動的生』
森一郎訳
みすず書房
2015年6月

人文学の真髄

〔互〕

自分の本を出すようになると「専門」というものを書かなければならない場面がある。私は最初の本からずっと「言語論・思想史」と書くことにしている。「言語論」というのは、ソシュールに自分の原点があるが、それは世に言う「言語学」とはずいぶん違うものだという自覚のもとに考え出した。その背後には、人間の行う営みの大部分は「言語」で行われている、との思いもある。そして、その思いがあればこそ、書物はすべて特定の時代と特定の場所の中で特定の人間が生み出したものであり、自分はそれを含めて考えるのだ、という態度表明として「思想史」を標榜しているつもりだ。

そんな私からすると、國分さんの言う「実存主義」はよく理解できる。特定の時代と特定の場所の中で特定の人間が生み出した書物であることをアレントの著作は色濃く伝えてくる、というのが私が最初に触れた時（『人間の条件』だった）以来の変わらない印象だ。ただ、正直な話をすると、それは時として私にとっては「押しつけがましい」と感じられる。そして、このことは國分さんが取り上げていた「暗闇の場所」と関わっていると思う。

國分功一郎
『中動態の世界
——意志と責任の考古学』
医学書院（シリーズ ケアをひらく）
2017年3月

「心の中のいかなる動機も自分にとっては不明瞭」で、「行為や言葉の背後に潜む動機」を「公」にする時には「人はかならず偽善者」になる。――この國分さんの考えに、私は同意する。もっと言えば、「動機」というのは、えてしてあとになってから捏造されるものであり、私にとって関心があるのは、そのような「動機」の手前または外側にあって、ある特定の人間に、ある行為を現れるようにさせている「何か」のほうだ。『エスの系譜』はその「何か」に向かおうとしたものだし、國分さんが『中動態の世界』を書いた時には通底するものを感じて、うれしかった。自分と他の人の関係が、是か非か、賛成か反対か、に収斂させられてしまう世界というのは、ずいぶん窮屈なものである。そして、非難を覚悟で言えば、アレントにはそういう窮屈さを感じるのだ。

　ここで私は、ソシュールを本格的に読むようになってから、たびたび感じたことを思い出している。「どうしてこの人はこんなことを考えられるんだろう?」という感覚のことだ。それは、難解で自分には理解できないことを考えている、というようなことではない。そもそも、そのような問いが生まれること自体が自分には絶対に起きえないことが分かってしまう――途方もないものを驚嘆とともに仰ぎ見るしかない、そんな感覚である。

　そんな感覚を抱かされることは決して多くはないし、そういう感覚を抱か

原　和之
『ラカン
　哲学空間のエクソダス』
講談社（講談社選書メチエ）
2002年10月

É・バンヴェニスト
『一般言語学の諸問題』
岸本通夫監訳
河村正夫・岸本通夫・
木下光一・高塚洋太郎・
花輪光・矢島猷三訳
みすず書房
1983年4月

せないからといって価値がないわけでもない。今ふいに思い出したが、昔、國分さんと「死ぬほどがんばればデリダにはなれるかもしれないけど、どんなにがんばってもドゥルーズにはなれない」という話で盛り上がったことがある（この感覚、分かってくださるかたが他にもいるとうれしい）。私にとっては、ソシュールとドゥルーズ、別格としてスピノザ、そして忘れてはならないもう一人、『中動態の世界』にも登場するエミール・バンヴェニストという言語学者が、そういう存在だった。

　ソシュールを詳しく知ろうとするとすぐに出会うのが、言語記号の「恣意性」という原理である。これは今でも誤解されているが、私が『ことばと文化』で知ったような、同じ透明な液体を日本語では「水」と呼び、英語では"water"と呼ぶように、ものの名称は言語によって異なる、といったことを指しているのではない。そうではなく、シニフィアン（言語記号の物質的側面。音や文字そのものではない）とシニフィエ（言語記号の概念的側面。対象そのものではない）のつながりに必然的な理由がないことを「恣意性」は意味している。

　一九〇二年にシリアのアレッポで生まれたバンヴェニストは、セファルディ（スペイン・北アフリカ系のユダヤ人）だった両親の勧めで、ラビ（ユダヤ教の宗教的指導者・教師）になることを志してパリで学んだ。その過程で出

ミシェル・フーコー
『言葉と物
――人文科学の考古学』
渡辺一民・佐々木明訳
新潮社
1974年6月

ポール・リクール
『時間と物語』
全3巻
久米博訳
新曜社
1987年11月～1990年3月

会い、バンヴェニストを言語学の道に進ませることになったのがアントワーヌ・メイエであり、この人はパリ高等研究院でソシュールの教えを受けた言語学者だった。つまり、バンヴェニストはソシュールの孫弟子にあたることになるわけで、そのことを知って以来、私にとってバンヴェニストは他人のような気がしなくなったのだから、われながら単純だと思う。そのバンヴェニストが書いた有名な論文が「言語記号の性質」（一九三九年）で、これは論文集『一般言語学の諸問題』（一九六六年）に収録されている。この論文でソシュールの恣意性の原理を批判し、シニフィアンとシニフィエの絆は必然的だと喝破したバンヴェニストの議論は論争を巻き起こした。

だが、それ以上に私は、この論文集に収録されている他の論文に刺激を受けた。「動詞の能動態と中動態」で「中動態」というものの存在を知った。「フロイトの発見におけることばの機能についての考察」で精神分析を言語学の側から見る視角に触れ、それがラカンに着想を与えたことを知った（ラカンにとってのバンヴェニストの重要性については、のちに原和之『ラカン 哲学空間のエクソダス』で詳しく知ることになる）。そして、「代名詞の性質」などで提示された「ディスクール」という概念が『時間と物語』（一九八三―八五年）で知られるポール・リクールの物語論に、そして『言葉と物』（一九六六年）から『知の考古学』（一九六九年）に至るフーコーのディスクール論に

ロマーン・ヤーコブソン
『一般言語学』
川本茂雄監修
田村すゞ子・村崎恭子・
長嶋善郎・中野直子訳
みすず書房
1973年3月

ミシェル・フーコー
『知の考古学』（改訳新版）
中村雄二郎訳
河出書房新社（現代思想選）
1981年2月

道を開いたことを知った。……読みたい本は増えていく一方だった。

一方で、すっかりソシュールにのめり込んでいた私は、シニフィアンとシニフィエについて、そして恣意性について考えを進めていく中で「プラーグ学派（プラハ学派）」と呼ばれる言語学者たち、とりわけロマーン・ヤコブソンを知った。主著である『一般言語学』（一九六三年）は高額でなかなか買えなかったが、同じみすず書房から出ていた『音と意味についての六章』（一九七六年）は、小著ながら簡潔にして明快な出色の入門書で、何度読んだか分からないくらいだ。と同時に、この本には序文が付されていて、レヴィ＝ストロースが書いていることに気づいた。それもそのはず、本書は第二次大戦の勃発を受けてプラハを去り、ニューヨークに渡ったヤコブソンが、亡命した学者たちによって創設された「高等学術自由学院」で一九四二年に行った講義の記録であり、その聴講者の一人がレヴィ＝ストロースだったのだ。この講義に感銘を受けたレヴィ＝ストロースが『親族の基本構造』（一九四九年）を書いて構造人類学を立ち上げ、構造主義が誕生する。

このように、言語学、人類学、精神分析など、多様なジャンルにまたがって形成される知識人のネットワークがあり、そこから思想の大きな潮流が生まれてくる、という事実に触れたことが私の原点にはあるのかもしれない。そして、その中心にはいつも「言語」という問題があり、決して派手ではな

クロード・レヴィ＝ストロース
『親族の基本構造』
福井和美訳
青弓社
2000年12月

ロマーン・ヤーコブソン
『音と意味についての六章』
花輪光訳
みすず書房
1977年9月

いが、そこにはいつもバンヴェニストの影があった。このソシュールの孫弟子への思い入れは、のちに『一般言語学の諸問題』第二巻（一九七四年）の邦訳（邦題は『言葉と主体』）を企画することにつながっていった（ついでなので記しておきたいが、みすず書房から出ている第一巻の邦訳は、全二八本の収録論文のうち二一本を収録した「抄訳」である。未収録の論文には重要なものが含まれている。私はずっと全訳が出ることを期待しているし、権利が空いているなら自分で企画したいくらいだ）。

　バンヴェニストの本領の一つは、「ことばにおける主体性について」などの論文で提示された「主体」と言語をめぐる考察にある、と私は思う。それを一言で言うなら、私は「私」という語を「主語（sujet）」として発することで初めて「主体（sujet）」になる、というものだ。これは、のちにアガンベンが『アウシュヴィッツの残りのもの』（一九九八年）でナチスの強制収容所から生き残った者の「証言」について考察する際に援用していて、二〇〇一年に邦訳が出たとき、思わぬところでバンヴェニストの名に出会って驚いたのをよく覚えている。余談めくが、ホロコーストと「証言」というテーマを衝撃とともに投げかけたクロード・ランズマン監督の九時間半に及ぶ映画『ショア』（一九八五年）が日本で公開されたのは一九九五年。これをきっかけに関連本の出版がちょっとしたブームになったことがある（懐かしいので

ジョルジョ・アガンベン
『アウシュヴィッツの残りのもの
――アルシーヴと証人』
上村忠男・廣石正和訳
月曜社
2001年9月

エミール・バンヴェニスト
『言葉と主体
――一般言語学の諸問題』
阿部宏監訳
前島和也・川島浩一郎訳
岩波書店
2013年10月

記してしまうが、その中の一冊に、ショシャナ・フェルマンの『声の回帰』があった。「批評空間叢書」だ。このフェルマンやバーバラ・ジョンソンといった「イエール学派」の俊英たちの名前も目にしなくなって久しい)。その熱もだいぶ冷めた頃に登場したのがアガンベンの書物であり、そこで重要な役割を演じているのがバンヴェニストだった。

「主体」や「人称」は言葉を語るという行為(ディスクール)によって生まれる――これは当たり前のようでいて、真剣に考えると頭がおかしくなりそうな命題である。言語の手前あるいは外側にあって「私」でも「主体」でもない状態とは何か、そしてそこから生じてくる言葉を語るという行為とは何なのか、といった問いを誘発してくるからだ。本当のところ、これは言語とともにあるしかない人間には思考不可能な事柄だろう。だが、現に私が言葉を語ることができてしまっていることは否定できない。

だが、その上で私はこう思うのだ。國分さんの言う「そこに存在してしまっている実存、さまざまな喜びと苦しみを抱えてそこに生きてしまっている実存」から遡って「自分にとっては不明瞭」な「行為や言葉の背後に潜む動機」に向かおうとするところに「人文学」の真髄はあるのではないか、と。「社会科学」に意味がない、などと言うつもりはないが、昨今の状況を目にすると、私は人文学の社会科学化が進んでいる気がしてならない。

ショシャナ・フェルマン
『声の回帰
――映画『ショアー』と〈証言〉の時代』
上野成利・崎山政毅・細見和之訳
太田出版（批評空間叢書）
1995年9月

クロード・ランズマン
『ショアー』
高橋武智訳
作品社
1995年6月

総合的方法に魅せられた者たち　〔國分〕

互さんはアレントの話を受けて、ソシュールからバンヴェニストに向かい、そして拙著『中動態の世界』に言及してくださった。

自分の本の話で恐縮だが、同書はスピノザ論においてクライマックスを迎える。スピノザ哲学こそ中動態の知識なくしては理解できない哲学だというのが私の強い確信であり、同書の中でも最も力を入れて書いたのがスピノザについての章である。私は大学院以来、ずっとこの哲学者を専門にして勉強してきた。だから、自分がいまアレントに強い関心を寄せているのを不思議に思うことがある。アレントとスピノザの哲学はある意味では水と油であるし、アレントは実際にスピノザに批判的だったからである。

「しばしば誤って思想と言論の自由の旗手と賞賛されるスピノザ」とアレントはイヤみを言い、「スピノザはどこにおいても言論の自由を要求しておらず、また、人間の理性は他者とのコミュニケーションを、それゆえ公表をそれ自身のために必要とするという議論は、まったく不在である」と指摘している（「真理と政治」、『過去と未来の間』所収）。この指摘の妥当性はともかく

ハンナ・アーレント
『過去と未来の間
――政治思想への８試論』
引田隆也・齋藤純一訳
みすず書房
1994年９月
＊「真理と政治」は、引田隆也訳

として、彼女は終始この調子だ。

『中動態の世界』もアレントに依拠しているけれども、最終的には彼女の議論の問題点を指摘している。スピノザ哲学が私の思想的な基礎を作ってくれたのだとしたら、アレントはなんだか話が合わないのだけれども、どうしても気になってしまう存在、向こうが話をしていたら、どうしても話に入りたくなってしまう、そういう存在だ。

それに対しスピノザの哲学は何があっても結局そこに戻っていく、そういう場所である。けれども、大学院に入るとき、私は最初からスピノザの研究を志していたわけではなかった。卒論でライプニッツを扱ったので、大学院に入る際にはこのバロックの哲学者についての研究計画を立てていた（因みに卒論はソール・A・クリプキの固有名論、『名指しと必然性』をヒントに、ライプニッツの可能世界論とモナド論を読み解いたものだった）。

大学生の時からドゥルーズには関心があったから、『スピノザと表現の問題』や『スピノザ——実践の哲学』は読んでいたし、スピノザにも関心はあった。私が大学二年生だった一九九四年、大江健三郎がノーベル賞を取り、その際、「これからはスピノザを勉強したい」という受賞の言葉を残したこともあり、当時、岩波文庫のスピノザの著作がそろって復刊されていて、スピノザの著作を入手するのは難しくなかった（それにしても大江はこの自分の

ジル・ドゥルーズ
『スピノザと表現の問題』
工藤喜作・小柴康子・小谷晴勇訳
法政大学出版局
（叢書・ウニベルシタス）
1991年10月

ソール・A・クリプキ
『名指しと必然性
——様相の形而上学と心身問題』
八木沢敬・野家啓一訳
産業図書
1985年4月

言葉をもう忘れているのではなかろうか。これを思い出していただきたいという思いをずっと抱いていた私は、最初の著作『スピノザの方法』が出た時に、出版社を通じて大江に一冊献本したのだった)。

だが、全く歯が立たないという感じだった。何よりもまず、意志の自由の否定という考えが当時の自分にはどうしても飲み込めなかった。スピノザの言う能動/受動の定義も全く理解できなかった(『中動態の世界』が打ち出した大きなテーゼの一つは意志の自由に関わっていたし、あの中では『エチカ』における能動も定義することができた。だから、あの本で私は二〇年来の疑問に答えを出したのである)。

その点、ライプニッツは違った。そこには、ほどよく常識を満足させるとともに、ほどよく哲学的関心を刺激してくれる概念があった。たとえばライプニッツがよく使う、「理由は強いずに傾ける(incliner sans nécessiter)」という概念(『人間知性新論』(『ライプニッツ著作集』第四―五巻)や『形而上学叙説』(同書、第八巻所収)など)には、ベルクソンが『時間と自由』(平井啓之訳の白水Uブックス版で読んだ)で論じた持続の観点にも通じる自由の考え方がある。そちらの方が当時の私にはしっくりきた。

ただ、どこかライプニッツに乗り切れない気持ちがあったし、スピノザのことはどうしても頭から離れなかった。転機になったのは最初のフランス留

國分功一郎
『スピノザの方法』
みすず書房
2011年1月

ジル・ドゥルーズ
『スピノザ
――実践の哲学』
鈴木雅大訳
平凡社
1994年3月

学だった。どういうわけだか、ストラスブールの古書店でマルシアル・ゲルーの『スピノザ』第I巻「神」、第II巻「精神」という大部な著作を見つけて購入した時、「ああ、やっぱりスピノザにしよう」と思ったのである。

　この二冊はスピノザ哲学を読み解いていく上での大きな手がかりになった。ゲルーの本は読解の仕方も、その整えられたフランス語も、どちらも実に私の性に合った。いや、どちらかというと内容よりもそのフランス語に魅せられたのかもしれない。この表現が来たなら、この後読み進めていけば必ずこういう表現が出てきて文が締めくくられるはずだという予想を裏切らない構築的なフランス語は読んでいて実に心地よかった。

　ゲルーのことはよく知らない。顔も見たことがない。だから、一度フランスの『紳士録』にあたる本で彼について調べてみたことがあった。第一次大戦に従軍して瀕死の重傷を負ったとあった。今回、改めて調べてみたが、一九一四年八月のロレーヌの戦いで頭部に銃弾を受けたらしい。更に、運び込まれた救護所も攻撃を受け、三〇人いた兵士のうち生き残ったのはゲルーを含めた三人だけであったという。

　その後、ゲルーはドイツの捕虜になる。ドゥルーズが何度も引用しているゲルーのフィヒテ論（*L'évolution et la structure de la Doctrine de la Science chez Fichte*）は、捕虜になっていた時期に書き始められたものらしい。どうして

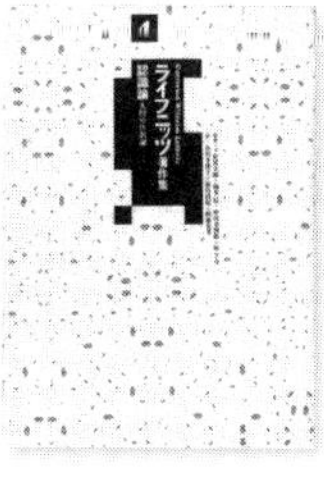

『人間知性新論』
全2巻
（『ライプニッツ著作集』第4–5巻）
谷川多佳子・福島清紀・岡部英男訳
工作舎
1993年8月～1995年7月

スピノザ
『エチカ
――倫理学』
全2冊（改版）
畠中尚志訳
岩波書店（岩波文庫）
1975年1月～3月

捕虜でありながらフィヒテ論を書くことができたのか、よく分からない（因みに、フィヒテの有名な『ドイツ国民に告ぐ』は、私が学生の頃はナショナリズムの書としていつも批判されていたが、実際に読んでみたらとてもよいことが書いてある教育論であった。今も大好きな本である）。

　ドゥルーズにはゲルー論、正確に言えば、上記スピノザ論についての書評がある（「スピノザとゲルー氏の一般的方法」、『無人島 1969-1974』所収）。そこでドゥルーズはまさしくゲルーの研究の方法をとりだしている。その方法はある意味では——ゲルー自身は全く意識していなかったと思われるが——彼にとって同時代の思潮であった構造主義に通じるものである。私はゲルーの方法に魅せられた。私が「方法」という語彙を得たのも、「スピノザの方法」に関心をもったのも、ここが出発点な気がする。実際、ストラスブールから帰った私は、この論文を自分で翻訳しながらスピノザについての修士論文を書いていた。なお、ドゥルーズのゲルー論を勉強した時の成果をまとめたのが拙稿「総合的方法の諸問題——ドゥルーズとスピノザ」で、これは後に互さんが編集長を務めることになる『思想』に掲載された（二〇〇三年六月号）。

　ゲルーの研究書はいずれも作品である。それを読むこと自体がある種の快楽を与えてくれる、そのような本である。だから、ずいぶん昔、まだ博士論

Martial Gueroult
Spinoza
2 vol.
tome I: *Dieu (Ethique, 1)*
tome II: *L'Âme (Ethique, 2)*
Aubier-Montaigne
1968–1974

アンリ・ベルクソン
『時間と自由』
平井啓之訳
白水社（白水Ｕブックス）
2009年1月

文を書いていた頃だと思うが、とある研究者が、ゲルーの研究はもう乗り越えられているという趣旨の話をしていて驚いたことがあった。私には「乗り越えられる」という言葉がよく分からなかった。作品に乗り越えられることなどあるのだろうか。私は自分の本の読み方が、そういう種類の研究を志す人たちとはずいぶんと異なっていることに気づかされた。なお、フランスにいたときは、そういう種類の研究を志す人たちとは出会わなかった。

ゲルーは一七世紀、一八世紀の哲学の専門家である。フィヒテの他、ザロモン・マイモン、ライプニッツ、マルブランシュ、デカルト、バークリー、そしてスピノザなど、この時代の哲学について多くの論文と書物を書いた。だが、おそらく彼の最大の関心はカントであったのだろう。だからこそ、それに至るまでの哲学を徹底的に研究した。そしてゲルーにはカントについてのモノグラフはない。

ただ、そうした問題意識の中で研究された哲学者たちの中でも、フィヒテとスピノザは彼にとって単なる研究対象以上のものであったように思われる。二人に共通するのは「総合的方法」である（同概念については、拙著『ドゥルーズの哲学原理』の「研究ノート2」を参照していただければ幸いである）。ゲルーは総合的方法に魅せられた哲学者であったと思われる。それはカント哲学に対立する。そしてドゥルーズもまた、この総合的方法に魅せられた哲

フィヒテ
『ドイツ国民に告ぐ』（改訂版）
大津康訳、佐藤通次改訳
岩波書店（岩波文庫）
1940年3月

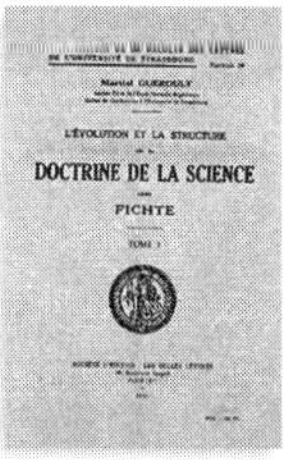

Martial Gueroult
L'évolution et la structure de la Doctrine de la Science chez Fichte
2 vol.
Les Belles Lettres
1930

学者であった。ドゥルーズがデカルトに対してスピノザを、カントに対してフィヒテを、さらにはフロイトに対してユングを立てる時、彼はゲルーがやろうとしていたことを引き受けていたのではなかろうか。

私にはもちろんその後を引き受けることはできないが、ドゥルーズがゲルーのことを引き受けて哲学史研究をしていたという事実を記しておくことはできる。なぜか誰も記そうとしないので、ここに記しておく。

ジル・ドゥルーズ
『無人島 1969–1974』
小泉義之監修
稲村真実・小泉義之・笹田恭史・
杉村昌昭・鈴木創士・立川健二・
松葉祥一・三脇康生訳
河出書房新社
2003年6月
＊「スピノザとゲルー氏の一般的方法」は、小泉義之訳

精神のリレー 〔五〕

それで大江健三郎から返事は来たのだろうか。気になるところだ。

前に「思想史」を標榜しているという話を書いたが、そのこととも関わって、國分さんが挙げたマルシアル・ゲルーの名前から一挙に観念連合が広がってきたので、それを話してみたい。

私は昔からデカルトのことが気になっていて、さまざまな文献を読んでいた時期がある。その過程で出会ったのが、ゲルーの『諸理性の秩序によるデカルト』だった。これは國分さんが挙げていた『スピノザ』と同じ体裁の二巻本で、第I巻は「精神と神」、第II巻は「精神と身体」と題されている。國分さんの言うとおり、きわめて構築的で読むのに集中力を要するフランス語だが、精読すれば理解できるように書かれていて、読むことの達成感を与えてくれる書物だった（ところが、ゲルーの単著の邦訳は今に至るまで一冊もない。日本語ではその達成感を得られない、ということなのだろうか）。

一方で、その対極にはゲルーと長年にわたって論争を繰り広げたフェルディナン・アルキエという人がいるのを知った。こちらは邦訳があって、『デ

Martial Gueroult
Descartes selon l'ordre des raisons
2 vol.
tome I: *L'Âme et Dieu*
tome II: *L'Âme et le corps*
Aubier
1953

カルトにおける人間の発見』（一九五〇年）という表題で刊行されている。

専門家のあいだではおなじみの言い方のようだが、対象とする哲学者を、ゲルーは「共時的」に捉えるのに対して、アルキエは「通時的」に描こうとする（この「共時的／通時的」もソシュールの用語だ）。つまり、一方のゲルーは――國分さんが「構造主義に通じる」と書いていたように――自己完結的な「秩序」をなすものとしてテクストを読むのに対して、他方のアルキエは歴史的に、あるいは思想史としてテクストを読む、と言えばいいだろうか。そして、興味深いことに、ドゥルーズが国家博士号請求論文（くだらないことを書くが、この名称、若い頃はカッコいいなぁ、と思ったものだ）である『差異と反復』の副論文として提出したのが國分さんも触れていた『スピノザと表現の問題』であり、その指導教官を務めたのがモンペリエ大学からソルボンヌに移っていたアルキエだったのだ。

この事実を知ったとき、ゲルーとアルキエの狭間でデカルトを読み、スピノザを読んでいたドゥルーズの姿が脳裏に浮かんできた。それは、國分さんの言うようにドゥルーズが「哲学史研究」の系譜の中にあることは忘れてはならないが（最初の本格的な単著は、前に触れた「エピステーメー叢書」に収録されたヒューム論だった）、その「哲学史研究」は「構造主義」的なアプローチとの相克の中にあった――つまり、ゲルーとアルキエのあいだにドゥルー

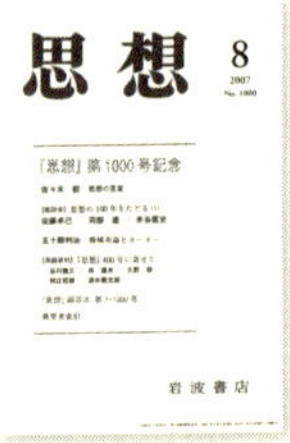

『思想』
「『思想』第 1000 号記念」
岩波書店
2007 年 8 月

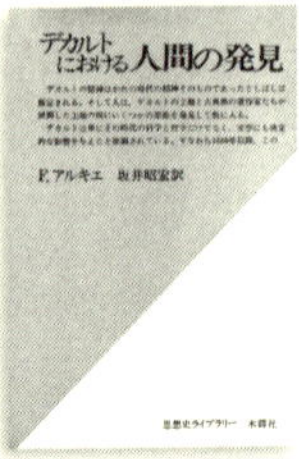

フェルディナン・アルキエ
『デカルトにおける人間の発見』
坂井昭宏訳
木鐸社（思想史ライブラリー）
1979 年 5 月

ズはいた、ということだ。そのような場所に立ち続けたからこそ、ガタリとの共著を生み出すこともできたのだと私は感じる。

……だが、ここで書きたいのはドゥルーズの話ではない。

改めて調べてみると、ゲルーは一八九一年生まれで、アルキエは一九〇六年生まれである。そして、本書の「はじめに」で紹介した比喩を使うなら、この二人の巨人の「肩の上」から出発したドゥルーズは一九二五年生まれであり、そのドゥルーズと深い絆をもったフーコーは一つ下の一九二六年生まれだ。すべてを「世代」に還元する気はないが、私はこういう世代間関係は案外大事だと思っていて、一つの目安として、二〇代をどんな時代に過ごしたか、ということが気になったりする。その観点から見ると、ゲルーは第一次大戦期を、アルキエは戦間期を、そしてドゥルーズとフーコーは第二次大戦後の復興期を、二〇代として生きたことが分かる。

そして、この関係から連想されるのが、日本のことである。私が雑誌『思想』の編集長を務めていたことは前に触れたが、その時期に作った号の中で思い出深いものの一つとして、二〇〇七年八月号がある。これは一九二一年一〇月の創刊から数えて一〇〇〇号目にあたるもので、そのような大きな節目を私は編集長という立場で迎える巡り合わせになった。当該号では過去の一〇〇〇号に掲載されたすべての記事を網羅する「総目次」とその「執筆者

林　達夫
『歴史の暮方
——新編 林達夫評論集』
筑摩書房（筑摩叢書）
1968 年 11 月

谷川徹三
『哲学案内』
講談社（講談社学術文庫）
1977 年 6 月

索引」を作成することになり、冗談ではなく死にそうな思いをしたものである。とはいえ、あきらめずにがんばればいいこともある、というのは前にも書いたとおりで、私にとっては無数の学びと発見があった。

その一つに、『思想』は一九二八年八月にいったん休刊し、八ヵ月後の一九二九年四月に「再刊号」を出して再出発している、という事実がある。そして、これ以降、しばらくのあいだ「編輯後記」が掲載されるようになり、そこには一号交代で「T」と「H」の文字が付されていた。すぐに判明したが、これは谷川徹三と林達夫のイニシャルだった。つまり、『思想』は誌面を刷新するために二人の編集長を置くことにしたわけで、恥ずかしながら私はそんなことも知らないまま編集長の任を引き受けてしまったことに気づいて、激しく後悔することになる（時すでに遅し、だったが）。

そんな私の思い出はともかく、その事実に触れたとき、私は雑誌の編集を行うとともに執筆もする、という二人の共通項に思い至り、それまで読んできた二人の著作を思い出してみた。谷川の『宮沢賢治の世界』（法政大学出版局（叢書・日本文学史研究）、一九六三年）、『哲学案内』、林の『思想の運命』（一九三九年、岩波書店。のち、中央公論社（中公文庫）、一九七九年）や『歴史の暮方』、そして繰り返し読んだ林と久野《くの》収の対談『思想のドラマトゥルギー』――いずれも対象を「時代」の中に置き、自分自身も「時代」の中で考

互　盛央
『フェルディナン・ド・ソシュール
――〈言語学〉の孤独、「一般言語学」の夢』
作品社
2009 年 7 月

林達夫・久野収
『思想のドラマトゥルギー』
平凡社（平凡社ライブラリー）
1993 年 6 月

える、という態度が共通していると感じた（そういえば、二人とも京都帝国大学で西田幾多郎の薫陶を受けている。このことも関係しているように思うが、私は新版『西田幾多郎全集』（全二四巻、岩波書店、二〇〇二―〇九年）のうち一二冊を作った過去があり、西田についての語りたいことが満載なので、ここではガマンしておこう）。そして、そういうものを私は「思想史」と呼ぼうとしているのかもしれない、とふと思った。振り返れば、第一〇〇〇号を作っていた時は、最初の著書『フェルディナン・ド・ソシュール』の基になる博士論文の執筆が大詰めを迎えていた。

そんな二人の生年を見ると、谷川が一八九五年生まれで、林が一八九六年生まれ――ゲルーと同世代と言っていいだろう。だとすれば、アルキエと同世代にあたるのは、この文脈では、新書『ソクラテス』をはじめとするプラトン研究の第一人者であるとともに、戦後は保守系の論客としても知られた田中美知太郎（一九〇二年生）になるだろう。そして、ドゥルーズの同世代として思い浮かんでくるのが、藤田省三（一九二七年生）と生松《いきまつ》敬三（一九二八年生）である。藤田の『維新の精神』（みすず書房、一九六七年）や『精神史的考察』、生松の『日本文化への一視角』（未来社、一九七五年）や『二十世紀思想渉猟』は忘れがたい。

藤田については、近年、新しいアンソロジーが出されたりしているが、生

藤田省三
『精神史的考察』
平凡社（平凡社ライブラリー）
2003年6月

田中美知太郎
『ソクラテス』
岩波書店（岩波新書）
1957年1月

松については、決して著作が少なくないにもかかわらず、めったに名前を目にしなくなってしまった。だが、カッシーラー『ジャン＝ジャック・ルソー問題』（一九七四年）、カール・シュミット『陸と海と』（共訳、福村出版、一九七一年）、人文書院版『フロイト著作集』第四巻に所収の『機知』（一九七〇年）といったドイツ語著作の訳者としてばかりでなく、レヴィ＝ストロースの『構造人類学』（みすず書房、一九七二年）の共訳者にも名前を連ねている生松の名は決して滅びることはない、と私は思っている。

定年を迎える前の一九八四年に逝去した生松は、中央大学で教鞭を執っていた。その頃の中央大学には、同い年の木田元（一九二八年生）が、そして丸山圭三郎（一九三三年生）がいた。三人とも、多数の著書をものするとともに、多くの翻訳を手がけた人たちだ。残念ながら私は直に経験したわけではないが、そこに漂《ただよ》っていたはずの華やかな雰囲気は十分に想像できる。しかも、さらに想像力を逞《たくま》しくすれば、ドゥルーズ（一九二五年生）とフーコー（一九二六年生）がいて、デリダ（一九三〇年生）がいる――その雰囲気を感じることさえできるような気がしてくる。この感覚が気のせいでないとすれば、それは直接の師弟関係があろうがあるまいが、埴谷《はにや》雄高《ゆたか》の言う「精神のリレー」がそこに存在しているからだろう。これまで見てきたように、フランスと日本に並行するものを見て取れるのも、根底に同様の「精神のリレ

E・カッシーラー
『ジャン＝ジャック・ルソー問題』
生松敬三訳
みすず書房（みすずライブラリー）
1997年12月

生松敬三
『二十世紀思想渉猟』
岩波書店（岩波現代文庫）
2000年12月

ー」があるからに違いない。

端的に言って、そのことを感じられる人文書が私は好きなのだ、と今さらながらに気づいた。そして、自分でもそういうものを書きたいと願って、わざわざ「思想史」を標榜しているわけだ。その裏側には、そのことを感じられる人文書が少なくなったという現状認識があり、その背景では、前に記した「人文学の社会科学化」もきっと影響しているだろう。

國分さんが『スピノザの方法』を献本した大江健三郎は、一九三五年生まれである。二歳年上の丸山圭三郎と同じ時期に、同じ東京大学文学部のフランス文学科で学んでいる。そこに「精神のリレー」があったのなら、返事の有無とは別に、きっと大江は國分さんの初めての著書を読み、何かを感じ取ったはずだと私は思う。

ところで、デカルトは一五九六年生まれで、スピノザは一六三二年生まれである。三〇歳以上年長だったデカルトの『哲学原理』（一六四四年）と対決する書『デカルトの哲学原理』（一六六三年）は、スピノザの初めての著書であり、みずからの名を冠して公刊した唯一の著作でもあった。そこには確かに「精神のリレー」があっただろう。そうして、私は國分さんに『思想』でのドゥルーズ論の連載をもちかけたとき、何の躊躇もなく『ドゥルーズの哲学原理』という表題を提案したのだった。

スピノザ
『デカルトの哲学原理
――附　形而上学的思想』
畠中尚志訳
岩波書店（岩波文庫）
1959 年 9 月

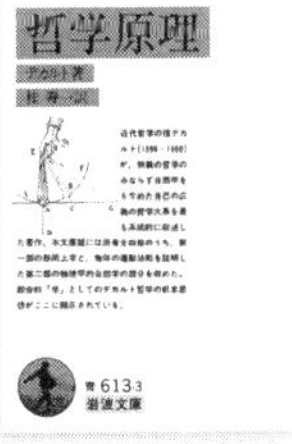

デカルト
『哲学原理』
桂寿一訳
岩波書店（岩波文庫）
1964 年 4 月

作品と物語

［國分］

様々に本について語り合ってきたこの本の最後に、すこしだけ本について私が感じている危機感を書いておきたい。それはよく耳にする「本が売れない」という話ではない。また、電子書籍などの別の形態に本が取って代わられるかもしれないという話でもない。私の危機感はかなり昔に既に共有されていたものであって、目新しいものではないが、しかし、最近は私の懸念する傾向がその拡がりの速度を増している。

私がいま抱いている危機感を四〇年以上も前に表現してくれていたのが、経済学者の内田義彦である。私は内田のよい読者ではない。しかし、内田が一九八一年に出版した『作品としての社会科学』という本が私の心にずっと引っかかっている。

この本は講演や論文を集めたものだが、内田が全体を通して言いたいことはこのタイトルに余すところなく表現されているように思う。特にその点を正面から扱っているのが、冒頭に収録された、一九六八年の講演「社会科学の視座」である。その中で内田は「論文だけが創造で、一般読者向きという

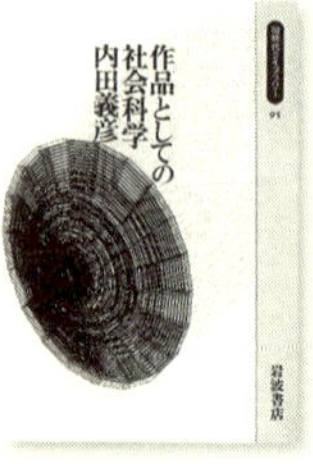

内田義彦
『作品としての社会科学』
岩波書店（同時代ライブラリー）
1992 年 2 月

とすなわち安易な啓蒙書という常識が、一般に支配している」と述べている。

あまり想像できないかもしれないが、学者の世界にはこのような「常識」が根強く存在している。マルクスは専門家にとってすらも少々しんどい内容と形式を備えた本『資本論』を書いたけれども、それは断じて専門家向けの専門書ではなく、「一般読者――自ら考え判断するというしんどい仕事を自分にしょいこむ決意をした一人一人の一般読者に向けて書かれた作品である」。マルクスはそのことを同書の序文でハッキリと述べていた。

論文が学問発展の重要な担い手であることはわざわざ言うまでもない。ところが、現代では有名なジャーナルに論文が載ること、そしてその論文の引用回数が増えること、それが――そしてそれだけが――学者を評価する基準となり始めている。経済学のような社会科学の分野ではその傾向はかなり以前から著しいが、最近では人文学でもそのような傾向が強まっている。

論文が偏重されるのは、新しい発見、新奇な結論だけが学問に貢献すると見なされているからである。それに対し、内田はこう述べている。「思想作品の新鮮さはそれが提供する事実の新奇さにはない。むしろ読者の意識の古層に呼びかけ、そこに眠れるものを新鮮に――そういわれればまことにそうであったという形で――呼び起す。哲学者は万人の（既に）知るところを語る、といいますね」。

内田はそのような力をもったものを「作品」と呼んでいる。作品こそは「直接一般読者にとどき一人一人のなかでコペルニクス的転換がおこること」を念願として」書かれる。論文が内田の言うような意味での作品たりえないということはないだろう。ただ、学者が作品を世に問うことの意味は現在ではほとんど考えられなくなっている。結果として、本はその重要性を失いつつある。

内田が警鐘を鳴らした時よりも事態は進んでいる。実のところ、現在、論文が偏重されているのは、新しい発見や新奇な結論だけが珍重されるからではない。これはむしろ好意的な見方であって、本当は、学者の評価も計量的に行いたいという社会の要請があるからである。有名ジャーナルに載った回数や引用回数は比較が容易である。大学の評価を世間一般に分かりやすいものにしようとすると、このような分かりやすい指標が必要になってしまう。「精神のリレー」は起こらず、論文の引用だけが行われる。

むしろ万人の既に知るところを語ること、読者の意識の古層に呼びかけ、そこに眠れるものを「そういわれればまことにそうであったという形で」呼び起こすこと——内田の言うこの課題はいったいどのようにすれば達成できるのだろうか。私はその答えを「物語」に求めてきた。

本の中に一つの物語を作り出すこと。もちろんそれは、いま目の前にある現実や研究の現状と無関係であってはならない。むしろそれらを整序する物語である。目の前の現実と研究の現状を、物語を通じて実感できる時、読者はそれを自分の問題として受け止め、考えることができるのではなかろうか。私はいつもそのような期待をもって本を書いてきた。

私が学生の頃、物語は批判の対象であった。その批判の急先鋒こそは、蓮實重彥『物語批判序説』（一九八五年）であった。この本はギュスターヴ・フローベールの『紋切型辞典』を出発点としている。しかしそこで論じられているのは明らかに蓮實が当時目撃していた「現代社会」だった。

蓮實重彥はそれを「物語」という言葉で描き出そうとしたわけだが、では、そこで描き出されたものとは何だったかというと、彼の言葉で言うなら、物語が知と同調して機能する空間である。すなわち、かつては物語が知に従属していて、知っていた者だけが語りえたのに対し、いまでは両者は対等の関係となり、人は知らないにもかかわらず語るようになっているという。

それは見事な分析であるし、この批判は当時、有効に作用したと思う。だが、この批判は物語があまりにも強力に作用していた時代にこそ意味をもつことには留意せねばならない。そしてまた、蓮實のこの本にも一つの物語が

G・フローベール
『紋切型辞典』
山田𣝣訳
平凡社（平凡社ライブラリー）
1998 年 11 月

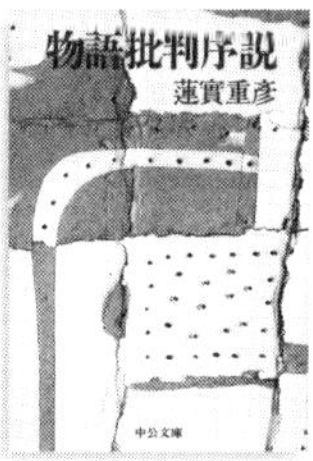

蓮實重彥
『物語批判序説』
中央公論社（中公文庫）
1990 年 10 月

あり、読者はそれを体験していたことを忘れてはならない。

互さんが『思想』の編集長をしていた二〇〇七年から二〇一四年、私は思想を主題とする雑誌を編集するのはとてもキツい時代だろうと感じていた。そのことを互さん本人にも言ったことがあったと思う。物語が共有されている時代、たとえば、〝近代思想を批判する「フランス現代思想」なるポストモダンの思想〟という物語が共有されている時代には、それに基づく様々な論点を雑誌が定期的に提供しうる。しかし、そのような物語はなくなってしまった。当時、いくつも思想関連の雑誌が創刊されたが、どれも長続きしなかった。

ただ、矛盾しているように思われるかもしれないが、私は「物語を復権せよ」という思潮には反対である。そのような思潮がもたらすのは、結局、目の前の現実や研究の現状から独立した閉鎖的な空間だろう。「知らないにもかかわらず語る」人が増えるだけだろう。

一冊一冊の本が目の前の現実や研究の現状を整序する物語を提示し、読者が様々な物語を体験すること、それによって、読者がそこへの接近の仕方を学んでいくこと、それこそが必要であろうと私は考えている。

ここで、ジャン＝フランソワ・リオタールが『ポスト・モダンの条件』で述べた、大きな物語の失墜と複数の小さな物語の乱立というポストモダン状況が思い起こされよう。私はリオタールのこの認識は今でも大切だと思っている。そして、ポストモダン的な、すなわち、近代思想の問題点を乗り越えた知のあり方が今こそ求められていると思っている。それは各人が様々な物語に接し、目の前の現実や研究の現状に接近するための自分なりの知を組み立てていくというものだ。

　実はこの論点は現在の日本の政治、特に改憲を巡る議論と大きく関係している。戦後の日本は憲法が謳う平和主義という理念を巡る国民的な物語を共有していた。それは一つの大きな物語であって、近代的なものである。だがもはや、このような近代的な、大きな物語は通用しなくなった。

　実際、改憲論は何か別の物語を提示したわけではなく、「世界には危険な連中がいるから軍備が必要」という形でただ感覚に訴えているのである。そして実のところ護憲論の側も「9条があったから戦争に巻き込まれなかった」という安全を訴える主張、感覚に訴える主張を繰り返さざるを得なくなっている。

　私自身はこの護憲論側の主張の内容は正しいと思う。だがそれは憲法の価値を共有するための物語にはなりえない。それどころか、場合によっては、自分たちだけが助かろうとしているという風にすら聞こえてしまう。

　近代的な国民的物語とは別の仕方で、理念を理解し、現実に接近するための物語が必要である。それはやはり、ポストモダン的なもの、近代思想の問題点を乗り越えたもの、つまりは、一人一人が自分なりの仕方で組み立てた物語でなければならないだろう。そのためには一人一人が、様々な物語を体験できなければならない。

本だけがそのような物語を紡《つむ》ぎ出せるわけではない。だが、本はそのような物語を紡ぎ出すのに最適の媒体である。だからこそ、人類が発明したこの本という媒体は、どれだけメディア環境が変化しようとも、常に高く評価されてきたのである。いつもそばに本があることは、人間が人間らしく生きるために必要な条件だという認識は今も失われていない。

私のような書き手の端くれもそのことを常に意識してきたし、意識している。そしてこの本は本がもつそのような機能と魅力を読者の皆さんにお伝えするために書かれたのである。

「原点」に立つこと　〔互〕

最後に、私にとっての「原点」の話をしたいと思う。「本を読むこと」、そして「本を書くこと」、さらに「本を作ること」をめぐって、私には二人の恩人がいる。

一人は、フランス文学者の吉田城《じょう》先生である。世界的なプルースト研究者で、『『失われた時を求めて』草稿研究』は記念碑的な著作として知られている。その吉田先生とのご縁は、編集者としての最初の仕事である『芥川龍之介全集』（全二四巻）にあった。岩波書店では実に五回目となる新編集によるこの全集の最大の売りは、ほとんど紹介されたことのない未発表原稿と草稿を初めて収録する点だった。その大部分を所蔵する甲府の山梨県立文学館を訪れ、芥川自筆の資料を調査・翻刻するために費やした時間は、のべにすれば一ヵ月では足りないだろう。もう二〇年以上も前の思い出だ。

膨大な資料には、作品の断片やノート、メモの他に、発表作品の異文（ヴァリアント）も大量に含まれていて、ソシュールを研究していた私は、すぐに『一般言語学講義』（一九一五年）のことを思い出した。この書物はソシュ

吉田　城
『『失われた時を求めて』草稿研究』
平凡社
1993年11月

ール自身によるわずかなメモと複数の学生が残した聴講ノートを編集したもので、研究者にとっては複数の原資料の記述を比較・対照することが不可欠になる。これはプルーストやフローベールなどの文学作品を中心に推進されつつあった「生成研究」と呼ばれる手法でもあった。そんなことを頭によぎらせつつ作業を続ける中で、私は全集に添付していた「月報」への寄稿を吉田先生にお願いすることを思いついたのだ。

　新宿の喫茶店で初めてお目にかかった土曜日の午後の時間は、今も鮮明に思い出せる。異文を一望できるよう大判の紙に翻刻した草稿を貼りつけたものを持参した。感心しながら興味深そうに見る先生の姿が忘れられない。かくして自筆資料を収録した三冊のうち第二二巻の「月報」に短篇「雛」の草稿を題材にしたエッセイを寄稿していただき、雑誌『文学』の編集部にもちかけて「羅生門」の生成過程を扱う論文「盗人の誕生」の掲載も実現した。さらに、続く第二三巻に収録した手帳やメモについては、英語やフランス語が乱雑な文字で書き込まれていたこともあって、校訂のお手伝いまでしていただくことになる。

　それらのうち講演の準備メモである「山梨夏期大学講義」は、とりわけ解読が困難な資料だった。少しでも役に立つなら、と原資料の写真と何日もにらめっこして翻刻したものを先生に送った。今だから正直に言えば、「これ

『芥川龍之介全集』第23巻
「日録・講演メモ他」
岩波書店
1998年1月

フェルディナン・ド・ソシュール
『一般言語学講義』
小林英夫訳
岩波書店
1972年12月

だけがんばったのだから、褒めてもらえるだろう」などと思っていた気がする。だが、そんな私の思い上がりは見事に打ち砕かれた。戻ってきた私の翻刻には、びっしり赤字の訂正が書き込まれ、端のほうに小さな文字でこう添えられていたのだ――翻刻に取り組むなら、毎日図書館に通う覚悟で併行して調査を行わなければいけません、と。

　自筆資料の翻刻をやると、すぐに分かることがある。断片的なものでも、文章は背景をもっている。それはその文章の中にある場合もあるが、外にあることも多い。だから、同時に調査をしないかぎり、目の前にあるインクの線をどんなに凝視していても読めないものは読めない。そして、そのことと裏表の事実だが、ひとたび読めたあとは、どうしても読めなかった箇所が、なぜ読めなかったのだろうと思うくらい、当然のように読めてしまうのだ。

　たった数文字の言葉も、それが文章をなしているかぎり、その背景をもっている――それは國分さんが「物語」と呼ぶものにほかならないだろう。そのことを私は入社二年目で吉田先生に教えてもらった。

　そして、もう一人は西洋古典学者の岡道男先生である。『ギリシア悲劇とラテン文学』などの著書のほか、アポロニオスの『アルゴナウティカ』、ソポクレースの『オイディプース王』といった珠玉の翻訳を残された先生が、お弟子さんのみならず、数多くの研究者から絶大な信頼と尊敬を受けている

アポロニオス
『アルゴナウティカ
――アルゴ船物語』
岡道男訳
講談社（講談社文芸文庫）
1997年8月

岡　道男
『ギリシア悲劇とラテン文学』
岩波書店
1995年4月

ことは、すぐに分かった。その岡先生が、『芥川龍之介全集』が完結したあとに私が担当することになった『キケロー選集』の編集委員を務めるとともに、第一回配本である第八巻をなす『国家について』と『法律について』の二篇を単独訳で担当してくださることになっていた。

初めての翻訳書の担当で岡先生と二人での協同作業になった。一字一句を揺るがせにしないことが、電話での打ち合わせからもまざまざと伝わってくる。訳語、訳文の正確さはもちろん、ある言葉を漢字にするか、ひらがなにするかに至るまで、あらゆる箇所について先生は明確な理由を求めながら進もうとしていた。校正刷りは何度も真っ赤になった。そうして『キケロー選集』は一九九九年五月に刊行開始を迎え、それから一年も経たない二〇〇〇年三月に岡先生は亡くなられた。

その年の春だったと思う。同じ『キケロー選集』に収録される『神々の本性について』の訳を担当してくださっていた山下太郎先生が東京にいらした折にお目にかかったことがある。今にして思えば、吉田先生にお会いしたのと同じ喫茶店だった。おのずと話題は岡先生のことになり、そうして山下先生が聞かせてくれた話は私にとって決定的な意味をもつことになる。

それは岡先生が演習の授業でウェルギリウスの『アエネーイス』を取り上げた時のことだった。この作品の第一巻にユッピテルが未来のローマの運命

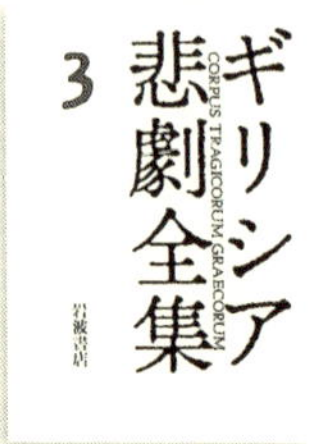

『ギリシア悲劇全集』第3巻
「ソポクレースⅠ」
岩波書店
1990年6月
＊「オイディプース王」
（岡道男訳）所収

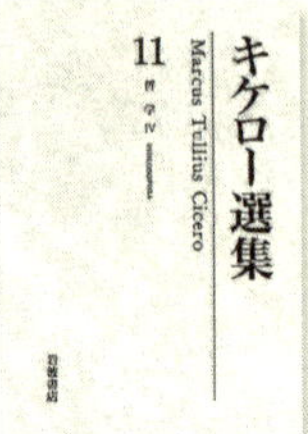

『キケロー選集』第11巻
「哲学Ⅳ」
岩波書店
2000年12月
＊「神々の本性について」
（山下太郎訳）所収

を語る箇所があり、そこに“imperium sine fine”という表現が出てくる。学生だった山下先生は「限界のない支配権」と訳した。すると、岡先生は即座に「際限のない支配権」としたほうがよい、と言われた。なぜかといえば、この表現は「ローマの支配権は時間的にも空間的にも際限がない」ということを意味しているからだという。そのとき、山下先生の脳裏には、別の日に耳にした岡先生の言葉が甦ってきた――「私たちは、常に世界を見て研究しなければならない。そして百年先の学問に貢献しなければならない」と（このエピソードは、のちに山下先生ご自身が「岡先生の残された言葉」（『岡道男先生追悼文集』京都大学西洋古典研究会、二〇〇一年一月）で書かれている）。

「際限のない（sine fine）」というのは、ソポクレースやキケロー、そしてウェルギリウスのような「古典」と呼ばれる作品にこそあてはまるだろう。キケローやウェルギリウスなら二〇〇〇年、ソポクレースなら実に二五〇〇年に及ぶ時間を生き延び、はるか極東の国に至る空間を越えて翻訳されているのだ。そして、そのことに対する畏怖の念が忘れられたとき、「読者の意識の古層」に「眠れるもの」が「そういわれればまことにそうであったという形で」呼び起こされる機会は否応なく失われるだろう。

　岡先生は病床で取り組んでいた『アエネーイス』の全訳を完成する前に亡くなった。五年後の二〇〇五年、私はわずかでも恩返しをしたいという気持

ウェルギリウス
『アエネーイス』
岡道男・高橋宏幸訳
京都大学学術出版会（西洋古典叢書）
2001年4月

ちで遺稿集『ぶどう酒色の海』を企画し、作業に取りかかろうとしていた。そんな矢先に受けたのが、吉田先生が急逝されたとの報だった。自分にできる恩返しといえば、やはり遺稿集を企画することくらいしかなかった。そうして、論文「盗人の誕生」も収録された『小説の深層をめぐる旅』を世に送り出し、その翌月、私は『思想』の編集長になった。

内田義彦が「読者の意識の古層」と記したとき、念頭にあったのは丸山眞男だろう。一歳違いの内田と丸山は、終戦直後に、丸山と同い年だった木下順二らとともに同人誌『未来——芸術と批評』を立ち上げている。その丸山が一九七二年に発表した論文が「歴史意識の「古層」」だった。そこで言われる「古層」は、のちに丸山自身によって「執拗低音」と言い換えられる。これは「バッソ・オスティナート」とも呼ばれる音楽用語で、低声部で一定の短い音型が執拗に反復される形式のことである。その典型例とされるバッハの無伴奏ヴァイオリン・パルティータ第二番の終曲《シャコンヌ》を聴いてみれば分かるが、執拗低音は実際に響いているのに気づかれることはめったにない。だが、その存在を指摘されたなら、あとから振り返った時に「そういわれればまことにそうであったという形で」気づかれるのだ。

あとから振り返った時に「そうであった」という過去形で気づかれるもの——もっと正確に言えば、そのような過去形でしか気づかれないものが確か

吉田　城
『小説の深層をめぐる旅
——プルーストと芥川龍之介』
松澤和宏編
岩波書店
2007年3月

岡　道男
『ぶどう酒色の海
——西洋古典小論集』
岩波書店
2005年10月

にある。例えば、本を読むということがそうだろう。本書の冒頭で記したように、一冊の書物は観念連合の中にある。それは、その書物から何を読み取れるのかを背後で決定している物語だ。だが、その物語は不変ではないし、孤立しているわけでもない。さまざまな経験が蓄積され、他の人の観念連合との交錯が重ねられていくにつれて物語は厚みを増し、その厚みが「歴史」と呼ばれる。だからこそ、「物語」と「歴史」は同じ語で表されもする。そして、それゆえ物語には、二五〇〇年の過去も、「百年先」の未来ですら含まれうる。

　自分の知りたいことしか知りたくない——「ポスト・トゥルース」と呼ばれる現状をそう表現できるとしたら、それはポスト・ストーリーであり、ポスト・ヒストリーでもある、ということだ。だが、その現状を嘆く必要はない。単純なことだ。あとから振り返った時に「そうであった」と気づくこと——そうすることが、國分さんの言う「各人が様々な物語に接し、目の前の現実や研究の現状に接近するための自分なりの知を組み立てていく」ための「原点」に、いつでも立たせてくれるのだから。

　二人の恩人が残してくれた真っ赤な原稿を、私はずっと大切に持ち続けている。そんな私が國分さんと書いたこの本が、誰かの物語と歴史をほんの少し厚みのあるものにしてくれるなら、本当にうれしい。

丸山眞男
『忠誠と反逆
——転形期日本の精神史的位相』
筑摩書房（ちくま学芸文庫）
1998年2月
＊「歴史意識の「古層」」所収

あとがき

國分功一郎

　この本を書きながら一つ確認できたことがあった。自分は、何と言ったらよいか、機能主義的に本を読んできたということである。私は常に何か自分が直面している問題、気になっている問題に何か答えようとして本を読んできたように思う。

　この謎を解明したい。この論点についてもっと知りたい。この思想を分かりたい。そのような欲望に突き動かされて読書することが私の読書においては何よりも大切なことであった。解明したい、知りたい、分かりたい、そのような欲望のただ中にいながら、その欲望に答えてくれる本に出会い、それを読んでいる時の喜びは格別であり、その喜びをずっと感じ続けていたいという気持ちが、私を読書に駆り立てる最大の要因であったように思う。

　もちろん、何かを分かりたいと思って読書をしていると、分かりたいと思う別の何かにも出会うことになる。次々と欲望の対象があらわれ、解明したい、知りたい、分かりたいという留まることを知らない欲望が私を捕らえることになる。このプロセスの中に居続けることが、思えば私の読書の理想であったのだろう。

　プラトンが『メノン』の中で紹介している有名なパラドクスがある。それは次のようなものである。「人間は、自分が知っているものも知らないものも、これを探究することはできない。というのは、まず、知っているものを探究することはありえないだろう。なぜなら、知っているのだし、ひいてはその人には探究の必要がまったくないわけだから。また、知らないものを探究するということもありえないだろう。なぜならその場合は、何を探究すべきかということも知らないはずだから」。

私はこのパラドクスのことが昔からずっと気になっている。これはとても大切な問題を提起していると思う。おそらくこのパラドクスは実践的にしか乗り越えられない。そして、おそらく、読書の実践こそはこのパラドクスを乗り越える最良の方法である。

私自身、実のところ、解明したい、知りたい、分かりたいという欲望に突き動かされなくなってしまう時をしばしば体験する。家にはまだ読んでいない本がたくさんあるのに、「何を探究すべきかということも知らない」状態に陥っていると、それらの本が単なる風景になってしまうのだ。私を少しも誘惑しない。私も手を伸ばすことができない。

私にとってそのような状態は苦痛である。だが、この苦痛はしばしば訪れる。だから謎や未知のものや難解なものに出会うことができると、私は喜びを感じる。再び、解明したい、知りたい、分かりたいという欲望のプロセスに身を置くことができるからである。

ジル・ドゥルーズは晩年のミシェル・フーコーに宛てた手紙、「欲望と快楽」の中で、フーコーにとっては快楽が問題だったのかもしれないが、自分にとって重要だったのは欲望だと言っている。ドゥルーズの哲学自体が、欲望という持続するプロセスの中にじっと身を置くことの喜びを説いているように私は思う。私はドゥルーズに共感する。

解明したい、知りたい、分かりたいという欲望のただ中にいるとは、プラトンが言う「知っている」と「知らない」の間にいることだ。欲望そのものもまた、何かと何かの間にいる状態として定義できるだろう。それに対して快楽とは終着点である。確かに何かが分かった瞬間には快楽があるだろう。おそらく私もその快楽を感じたことはあるのだろうが、それは私をあまり惹きつけない。私はただ欲望の中にいたい。

この欲望をエロースと呼ぶことができるかもしれない。「哲学《ピロソピアー》」という語がそもそもは「智を愛すること」を意味するというのはよく知られた事実であるが、これについて田中美知太郎は、「愛智としての哲学は、智だけでも考えられないし、また単なる無智からも生じえない」と言っている。それは智と無智との中間にある。そして「このような地位が、またひろくエロース（愛）一般についても考えられる」（『哲学初歩』）。

エロースはポロスとペニアーを父母として生まれた。ポロスは才能も資産も充分で、行き詰まったり、困窮したりすることのないことを意味する名前であるのに対し、ペニアーは貧困を示す名前であるという（プラトンの『饗宴』も参照されたい）。なるほどと思える話である。エロースを感じるとは、満たされた状態と何もない状態の間に立つことだ。人はおそらく読書をしている際にそのような場所に立つのである。自分はまだ知らないが、知りたいと思わせる何ごとかに次々に出会うことになるからである。

問題はペニアーの置かれた状態、何もない状態、「何を探究すべきかということも知らない」状態にある時、人はどうやってエロースを感じ、欲望のプロセスに身を置くことができるようになるかであろう。先ほど述べた私にとっての苦痛の状態である。

私自身はこの問題を実に単純な仕方で乗り越えてきた。私の周りにはいつも友人がいて、「こんなことをやってみたらどうだろう」、「こんな本があるよ」と教えてくれたのである。自分で発見した本は無数にあるけれども、もとを辿っていくと、やはり何かをどこかで誰かに教えてもらっている。そうして私はペニアーの状態を幾度も脱してきた。大人になると人は何でも一人でやろうとしてしまう。だが、プラトンの紹介するパラドクスに言われる通り、知らないものを探究するということはありえない。なぜならその場合は、何を探究すべきかということも知らないはずだから。だからこそ、誰かに教えてもらうことが必要なのだ。

もちろん、誰かに教えてもらうのはペニアーの状態にいるときだけではない。エロースを感じる状態になってからも、手がかりがなくて困ることばかりである。そんなときも、私は友人に教えてもらって何とか乗り越えてきた。

この本を一緒に書いた互さんとの関係はまさしくそのようなものであった。ペニアーの状態にあるときも、エロースを感じている時も、電話したり、会ったりして、いろいろ教えてもらったのである。それがあったからこそ、何度か本を完成させて、ポロスの状態を味わうこともできた。

私はこの本を書きながら、何度も、「知っている」と「知らない」の間に身を置くことができた。本を書くためにいくつも本を読み返し、自分の知らなかった本を手にとって読み始めたからである。この本を手にとって最後まで読んでくださった読者の皆さんが、私と同じように、「知っている」と「知らない」の間に身を置くことができたならば、筆者としてとてもうれしく思う。

國分功一郎（こくぶん・こういちろう）

一九七四年、千葉県生まれ。一九九七年、早稲田大学政治経済学部政治学科卒業。二〇〇六年、東京大学大学院総合文化研究科博士課程単位取得退学。博士（学術）。高崎経済大学を経て、現在、東京工業大学リベラルアーツ研究教育院教授。専門は、哲学・現代思想。著書に、『スピノザの方法』（みすず書房）、『暇と退屈の倫理学』（朝日出版社、増補新版：太田出版）、『ドゥルーズの哲学原理』（岩波現代全書）、『来るべき民主主義』（幻冬舎新書）、『近代政治哲学』（ちくま新書）、『中動態の世界』（医学書院。小林秀雄賞）ほか。訳書に、ジャック・デリダ『マルクスと息子たち』（岩波書店）、ジル・ドゥルーズ『カントの批判哲学』（ちくま学芸文庫）ほか。

互　盛央（たがい・もりお）

一九七二年、東京都生まれ。一九九六年、東京大学教養学部教養学科卒業。二〇〇五年、東京大学大学院総合文化研究科博士課程単位取得退学。博士（学術）。岩波書店を経て、現在、講談社勤務。専門は、言語論・思想史。著書に、『フェルディナン・ド・ソシュール』（作品社。和辻哲郎文化賞、渋沢・クローデル賞）、『エスの系譜』（講談社、のち講談社学術文庫）、『言語起源論の系譜』（講談社。サントリー学芸賞）、『日本国民であるために』（新潮選書）。

いつもそばには本《ほん》があった。

二〇一九年　三月一一日　第一刷発行

著者　國《こく》分《ぶん》功《こう》一《いち》郎《ろう》　互《たがい》盛《もり》央《お》

発行者　渡瀬昌彦
発行所　株式会社 講談社
東京都文京区音羽二丁目一二―二一　〒一一二―八〇〇一
電話（編集）〇三―三九四五―四九六三
（販売）〇三―五三九五―四四一五
（業務）〇三―五三九五―三六一五

装幀者　奥定泰之

本文印刷　株式会社 新藤慶昌堂

カバー・表紙印刷　半七写真印刷工業 株式会社

製本所　大口製本印刷 株式会社

ISBN978-4-06-515012-2　Printed in Japan
N.D.C.023　125p　19cm

講談社選書メチエの再出発に際して

講談社選書メチエの創刊は冷戦終結後まもない一九九四年のことである。長く続いた東西対立の終わりはついに世界に平和をもたらすかに思われたが、その期待はすぐに裏切られた。超大国による新たな戦争、吹き荒れる民族主義の嵐……世界は向かうべき道を見失った。そのような時代の中で、書物のもたらす知識が一人一人の指針となることを願って、本選書は刊行された。

それから二五年、世界はさらに大きく変わった。特に知識をめぐる環境は世界史的な変化をこうむったとすら言える。インターネットによる情報化革命は、知識の徹底的な民主化を推し進めた。誰もがどこでも自由に知識を入手でき、自由に知識を発信できる。それは、冷戦終結後に抱いた期待を裏切られた私たちのもとに差した一条の光明でもあった。

その光明は今も消え去ってはいない。しかし、私たちは同時に、知識の民主化が知識の失墜をも生み出すという逆説を生きている。堅く揺るぎない知識も消費されるだけの不確かな情報に埋もれることを余儀なくされ、不確かな情報が人々の憎悪をかき立てる時代が今、訪れている。

この不確かな時代、不確かさが憎悪を生み出す時代にあって必要なのは、一人一人が堅く揺るぎない知識を得、生きていくための道標を得ることである。

フランス語の「メチエ」という言葉は、人が生きていくために必要とする職、経験によって身につけられる技術を意味する。選書メチエは、読者が磨き上げられた経験のもとに紡ぎ出される思索に触れ、生きるための技術と知識を手に入れる機会を提供することを目指している。万人にそのような機会が提供されたとき初めて、知識は真に民主化され、憎悪を乗り越える平和への道が拓けると私たちは固く信ずる。

この宣言をもって、講談社選書メチエ再出発の辞とするものである。

二〇一九年二月　　野間省伸